GÉOGRAPHIE

DE L'ASIE, DE L'AFRIQUE, DE L'AMÉRIQUE

ET DE L'OCÉANIE

Clichy. — Impr. Paul Dupont, 12, rue du Bac-d'Asnières.

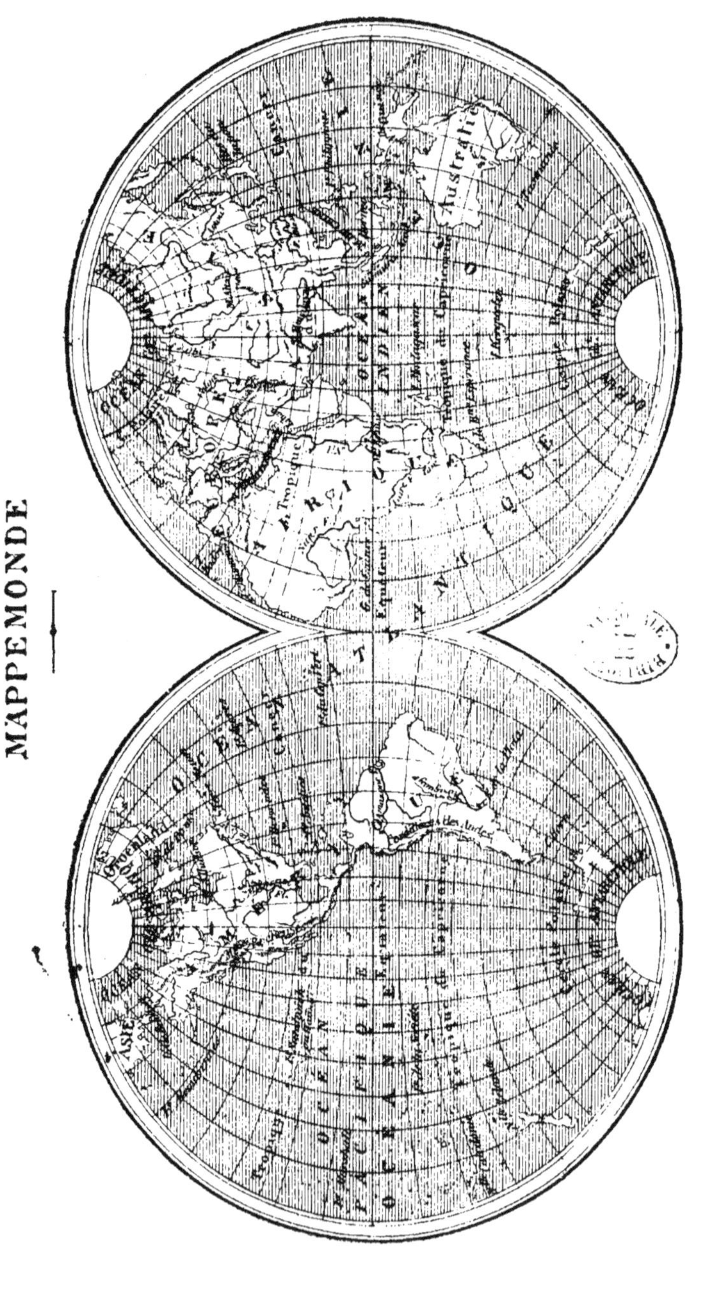

MAPPEMONDE

GÉOGRAPHIE

DE L'ASIE, DE L'AFRIQUE, DE L'AMÉRIQUE
ET DE L'OCÉANIE

Contenant les matières indiquées par les programmes officiels
du 23 juillet 1874

PAR

LOUIS GRÉGOIRE

Professeur d'Histoire et de Géographie au lycée Fontanes
et au collége Chaptal.

CLASSE DE SIXIÈME

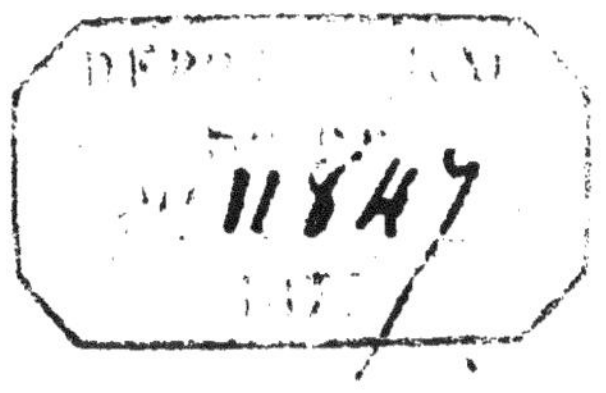

PARIS

GARNIER FRÈRES, LIBRAIRES-ÉDITEURS

6 RUE DES SAINTS-PÈRES, 6

GÉOGRAPHIE DE L'ASIE, DE L'AFRIQUE, DE L'AMÉRIQUE ET DE L'OCÉANIE.

Notions générales sur le globe. (Montrer et faire connaître à l'aide du globe ce qu'on entend par axe, pôles, équateur, méridiens, parallèles, longitude, latitude, tropiques, cercles polaires, zones, points cardinaux.)

— Mappemonde et cartes géographiques.

La mer : superficie ; marées (décrire les cinq océans).

La Méditerranée. — Le monde connu des anciens.

Asie, Afrique, Amérique, Océanie.

Géographie physique. Configuration et dimensions. Mers, îles, caps, golfes, détroits. Chaînes de montagnes, plateaux et grandes plaines. Fleuves, rivières, lacs.

Énumération des États et de leurs capitales ; villes importantes et grands ports de commerce.

Possessions des Européens. Principaux voyages de découvertes.

(Démonstration et Exercices au tableau noir et sur la carte murale. Cartes dessinées par les Élèves.)

GÉOGRAPHIE
DE L'ASIE, DE L'AFRIQUE
DE L'AMÉRIQUE
ET DE L'OCÉANIE.

CHAPITRE PREMIER

Notions générales sur le globe.

La Terre. — Sa position dans l'Univers. — Sa forme sphérique. — Son double mouvement sur elle-même et autour du Soleil. — Les jours, les saisons, les cinq zones. — Les cartes géographiques.

§ 1er. — DÉFINITION DE LA GÉOGRAPHIE. — LA TERRE; PREUVES DE SA ROTONDITÉ OU SPHÉRICITÉ.

LA GÉOGRAPHIE est la description de la *Terre* que nous habitons et qui fait partie, dans l'espace immense de l'*Univers*, du système solaire, comprenant le Soleil, les planètes avec leurs satellites (comme la Lune, satellite de la Terre) et les comètes.

1

Le *Soleil* est l'une des nombreuses étoiles de l'Univers, sphérique, c'est-à-dire ayant la forme d'une sphère ou d'une boule, comme tous les corps célestes, source de la lumière, de la chaleur et de la vie. Sa surface est 12,000 fois celle de la Terre ; sa distance moyenne est d'environ 148 millions de kilomètres ; la lumière parcourt cette distance en 8 minutes 16 secondes.

La *Terre* est l'une des planètes, et non pas l'une des plus grosses, éclairées et échauffées par le Soleil. Pendant bien des siècles, les hommes ont ignoré la figure et les dimensions du globe terrestre. Encore aujourd'hui on ne connaît pas exactement certaines parties de la Terre.

Elle a la forme d'une boule ou sphère. La *rotondité* de la Terre est prouvée de bien des manières. Lorsqu'un voyageur traverse une plaine vaste et régulière pour se rendre dans une ville, il aperçoit d'abord les points les plus élevés, les sommets des tours et des clochers, puis, en se rapprochant, les toits des habitations et les habitations elles-mêmes. Presque toujours des collines, des plis du sol, des rideaux de verdure, arrêtent les regards et empêchent de voir ainsi apparaître, du sommet à la base, les clochers et les maisons. Mais sur mer, aucun obstacle n'arrête la vue ; or celui qui du rivage voit arriver un navire, commence par apercevoir la pointe des mâts, puis les voiles les plus hautes, puis les voiles basses, enfin le navire lui-même. De même, lorsque le navire s'éloigne de la terre, on voit encore le haut des mâts, longtemps après que le corps du bâtiment a disparu. Si la Terre

était *plane*, ce n'est pas ainsi que les choses se passe-
raient. A toute distance, autant que le permettrait la
faiblesse de la vue, la tour ou le navire, au lieu de
devenir graduellement visible du sommet à la base,
serait toujours visible en entier.

Une autre preuve de la rotondité de la Terre se
trouve dans la forme de l'*horizon*. On appelle ainsi,
d'un mot grec qui signifie *borner*, la limite qui, tout
autour de nous, borne la vue quand on se trouve en
rase campagne ou sur la mer. Or l'horizon forme un

vaste cercle dont le spectateur occupe le centre et
dont les bords se confondent avec le bleu du ciel. Si
la Terre n'était pas ronde, le regard s'étendrait aussi
loin que possible, sans limites arrêtées; or les meilleures lunettes ne permettent pas à la vue de fran-
chir les barrières de cet horizon circulaire. Donc la
Terre doit avoir la forme d'une sphère.

De plus, on sait, par une expérience continuelle,
que le Soleil se montre à des heures différentes pour
les différents lieux de la Terre; ce qui ne pourrait
pas arriver si cette Terre était une surface plane. —
Il y a certaines époques où la Terre est placée, dans

son cours, entre le Soleil et la Lune qu'il éclaire; les rayons de la lumière solaire sont alors interceptés par la masse de notre planète et la Lune s'obscurcit; c'est ce qu'on appelle une *éclipse de Lune*. Or l'ombre que la Terre projette sur la Lune est alors celle que produit un corps sphérique: nouvelle preuve que la Terre a cette forme. — Tous les corps célestes, que nous pouvons observer, sont également sphériques. — Enfin, tous les voyages qui ont été faits autour de la Terre, depuis le Portugais Magellan, alors au service de l'Espagne, de 1519 à 1522, ont montré qu'en allant toujours dans la même direction on revenait au point de départ.

§ 2. — DIMENSIONS DE LA TERRE.

La Terre est donc ronde et isolée dans l'espace infini. Elle a 40 millions de mètres ou 10,000 lieues de tour. Son rayon, c'est-à-dire la distance du centre du globe à la surface, est de 6,366 kilomètres, ou d'un peu moins de 1,600 lieues. Les plus grandes inégalités de sa surface, qui nous paraissent quelquefois si considérables, ne sont presque rien par rapport à sa grosseur, comme les rugosités de l'écorce d'une orange n'empêchent pas que l'orange soit parfaitement ronde. Supposez une boule, une sphère de 2 mètres de hauteur, qui représenterait notre Terre; la plus haute montagne du globe (le Gaurisankar, dans l'Himalàya, en Asie) a 8,840 mètres; pour la figurer sur notre grosse sphère, il faudrait tout au plus un grain de sable d'un millimètre et demi d'épaisseur.

23. — LA TERRE, EN APPARENCE IMMOBILE, TOURNE SUR ELLE-MÊME, DEVANT LE SOLEIL, EN 24 HEURES.

En apparence, la Terre nous semble immobile au centre de l'Univers; autour d'elle nous voyons tourner l'immense coupole du ciel, entraînant dans son mouvement le Soleil, les étoiles, tous les astres du firmament. Nous disons que le Soleil se lève le *matin*, qu'il monte radieux au plus haut du ciel à *midi*, milieu de la journée, qu'il redescend des hauteurs de la voûte céleste, jusqu'au moment où il disparaît, se couche, au *soir*, lorsque le jour fait place à la nuit. — En réalité, c'est la Terre qui tourne sur elle-même devant le Soleil, de manière à présenter à ses rayons les différentes parties de sa surface. Elle accomplit ce mouvement dans l'espace de vingt-quatre heures ; c'est la durée du *jour*. Ce mouvement est tellement doux qu'il nous est impossible de nous en apercevoir. Lorsque nous sommes dans une voiture traînée par des chevaux rapides, ou sur un bateau que le courant du fleuve emporte, ou mieux encore sur un chemin de fer, les objets que notre regard rencontre, haies, arbres, maisons, ne nous semblent-ils pas fuir précipitamment dans une direction contraire à celle que nous suivons? Les voyageurs qui s'élèvent en ballon dans les airs se croient immobiles dans leur nacelle, transportés sans cahot, sans secousse, et voient au contraire les objets terrestres se mouvoir avec rapidité.

§ 4. — LA TERRE TOURNE AUTOUR D'UNE LIGNE IDÉALE, APPELÉE AXE. — LES PÔLES. — L'ÉTOILE POLAIRE.

La Terre tourne autour d'une ligne imaginaire, qui passe par son centre et qu'on appelle *axe*; les deux points opposés où l'axe perce la surface du globe s'appellent les *pôles*, d'un mot grec qui signifie tourner. Si on prolonge, par la pensée, l'axe de la Terre jusqu'à la rencontre de la sphère idéale du ciel, on rencontre deux points qui nous paraissent immobiles, tandis que toute la voûte céleste nous semble tourner autour de l'axe de la Terre. On donne à ces deux points le nom de *pôles célestes;* chacun d'eux est placé sur la voûte du ciel en face du pôle terrestre correspondant.

Or comment reconnaître la direction de l'axe terrestre? Il suffit d'observer quelle est l'étoile qui ne change pas de place ou qui paraît presque immobile et ne décrit qu'un cercle très-petit autour de l'extrémité de l'axe. Cette étoile, la plus voisine du pôle céleste que nous pouvons observer, est l'*Étoile polaire*. Pour la reconnaître pendant une nuit claire, il faut se placer de manière à avoir à sa droite la partie du ciel où le Soleil semble se lever le matin. On voit alors au-dessus de l'horizon un groupe d'étoiles brillantes ou constellation, qu'on nomme la *Grande Ourse* ou le *Chariot de David*. Cette constellation, visible à toute heure, se compose de quatre étoiles formant une sorte de carré long et de trois autres placées en une file irrégulière à l'un des angles de ce carré. Cette dénomination de Grande Ourse est à peu près conventionnelle, car il faut un peu de bonne volonté pour voir dans les quatre premières étoiles le corps de l'animal

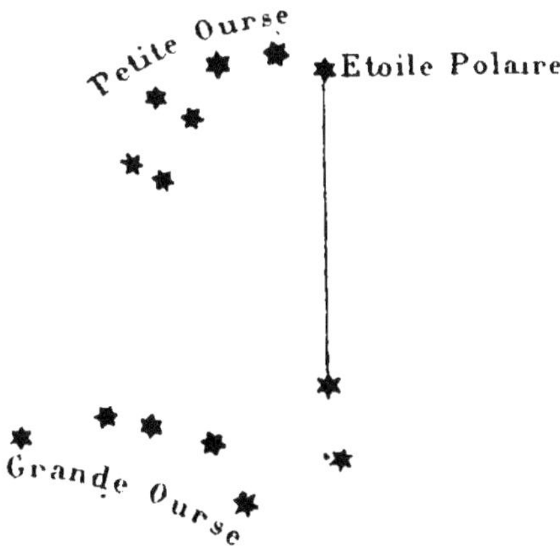

et dans les trois autres sa queue. Les quatre étoiles représentent mieux un char et les trois autres le timon.

A une certaine distance de la Grande Ourse, tantôt au-dessus, tantôt au-dessous ou même à côté, on voit un autre groupe, une autre constellation de sept étoiles, plus faibles d'éclat, mais disposées de la même manière; c'est la *Petite Ourse*, dont la queue est toujours tournée en sens inverse de celle de la Grande Ourse. La dernière étoile de la queue de la Petite Ourse, qui est d'ailleurs la plus brillante, et qu'on trouve facilement en menant une ligne droite des deux premières étoiles du chariot, est *l'Étoile polaire*, qui reste toujours presque immobile quand tout le firmament semble entraîné d'un mouvement circulaire autour de l'axe. C'est donc très-près de cette étoile que l'axe de la Terre prolongé va rencontrer la voûte idéale du ciel.

§ 5. — LES DEUX PÔLES; — LES DEUX HÉMISPHÈRES. — L'ÉQUATEUR.

Les deux pôles de la Terre tirent leur nom de ces constellations. Celui qui se trouve en face de l'étoile

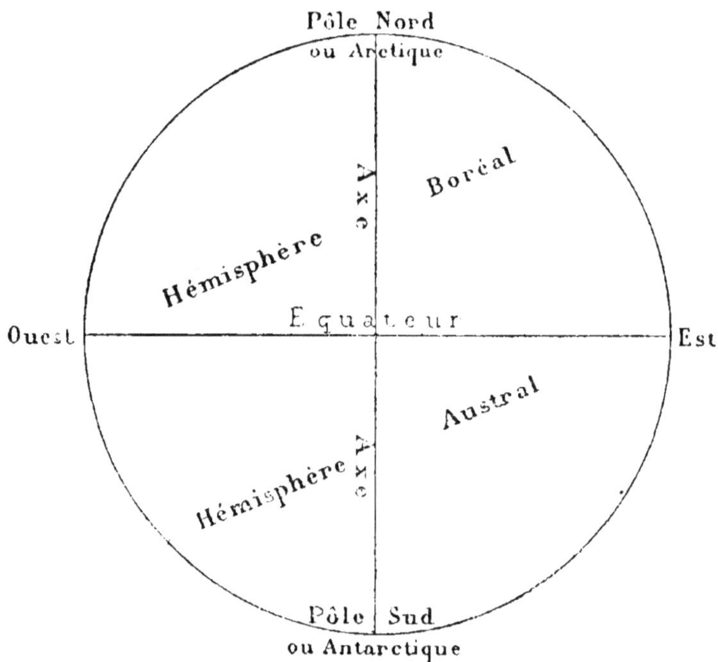

polaire s'appelle *pôle arctique*, du mot grec *arctos*, qui signifie ourse. L'autre pôle, situé à l'autre extrémité de l'axe terrestre, s'appelle *pôle antarctique*, c'est-à-dire opposé à l'ourse. On donne encore au premier le nom de *pôle boréal*, au second celui de *pôle austral*, des noms de *Borée* et d'*Auster*, divinités qui, suivant les anciens, présidaient au vent du Nord et au vent du Sud. Enfin on les appelle encore simplement *pôle Nord* et *pôle Sud*.

La moitié du globe terrestre, de la sphère, qui est du côté du pôle arctique, s'appelle *hémisphère* (moitié de sphère) *boréal;* l'autre moitié s'appelle *hémisphère austral*. La ligne circulaire qui sépare ces deux hémisphères, qui entoure le globe, et qui est par conséquent à égale distance des deux pôles, s'appelle *ligne équatoriale* ou *Équateur*, parce qu'elle divise la surface de la Terre en deux parties égales.

§ 6. — LES POINTS CARDINAUX. — QU'EST-CE QUE S'ORIENTER? — LA BOUSSOLE.

La direction de l'axe de la Terre et celle du mouvement apparent des astres déterminent les quatre points principaux de l'horizon, c'est-à-dire les *quatre points cardinaux:* le Nord, le Sud, l'Est et l'Ouest. Le *Nord* ou *Septentrion* (les sept du char) se trouve dans la direction de l'étoile polaire; — le *Sud* ou *Midi* est le point de l'espace dirigé vers le pôle antarctique; — l'*Est*, l'*Orient* ou le *Levant* est le point vers lequel le Soleil semble se lever; — l'*Ouest*, l'*Occident* ou le *Couchant*, celui vers lequel il semble se coucher. La Terre, tournant sur elle-même de l'Ouest à l'Est, chaque point de la surface croit voir nécessairement le Soleil se lever à l'Est et se coucher à l'Ouest.

On désigne les quatre points cardinaux par ces abréviations : N.—S.—E.—O. On nomme Nord-Est la direction intermédiaire entre le Nord et l'Est; Sud-Est, la direction entre le Sud et l'Est; Nord-Ouest, la direction entre le Nord et l'Ouest; Sud-Ouest, la direction entre le Sud et l'Ouest.

On a même multiplié les points intermédiaires : ainsi,

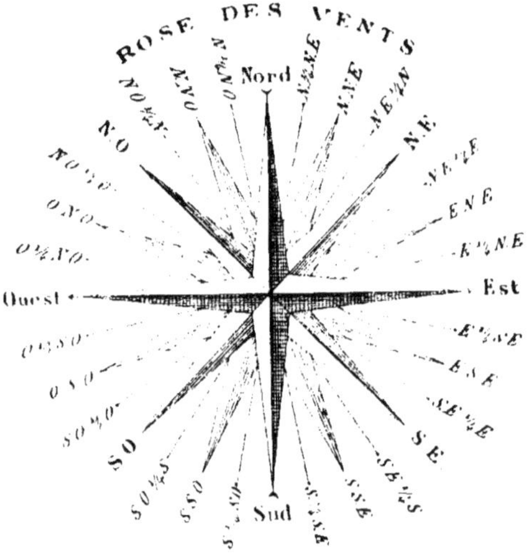

entre l'E. et le N.-E., il y a l'E. ¼ N.-E., l'E.-N.-E., etc. On a ainsi formé les 32 directions qui font ce qu'on nomme la *Rose des Vents*.

Dans les cartes géographiques, destinées à représenter la configuration des différentes parties de la

Terre, le Nord est toujours en haut, le Sud en bas, l'Est à droite, l'Ouest à gauche. Il faut remarquer que dans l'usage habituel les points cardinaux n'indiquent que les positions relatives des lieux; ainsi Paris est au N. d'Orléans, mais au S. de Lille.

Pour *s'orienter*, c'est-à-dire pour reconnaître la direction des points cardinaux, il est facile, quand le Soleil brille, de remarquer le point où il se lève et celui où il se couche. Si l'on regarde le Soleil levant, on a l'Est devant soi, l'Ouest en-arrière, le Nord à gauche et le Sud à droite. Pour s'orienter pendant la nuit, dans la moitié de la sphère où nous sommes, on regarde *l'Étoile polaire*, toujours placée pour nous dans la direction du Nord; alors on a le Sud derrière soi, l'Est à sa droite et l'Ouest à sa gauche.

Mais le ciel est souvent couvert de nuages pendant le jour et pendant la nuit. Comment alors s'orienter, pour reconnaître sa direction, sa route? Jadis les marins osaient à peine s'aventurer loin des côtes; pendant les nuits obscures, ils étaient forcés de plier leurs voiles et de s'abandonner à la Providence. Un instrument qu'on appelle la *boussole* a permis les grandes découvertes des temps modernes. Connue probablement des Chinois avant l'ère chrétienne, elle fut employée et perfectionnée par les marins de l'Italie, de la Provence, et employée par ceux de l'Europe, à partir du XIIIᵉ siècle.

Une aiguille d'acier, aimantée, posée sur un corps flottant à la surface de l'eau ou mobile sur un pivot vertical, tourne sur elle-même jusqu'à ce qu'une de ses extrémités aille dans *la direction du Nord*. Cette aiguille et son pivot, placés au centre d'une rose des vents, forment la boussole. Ainsi les navigateurs, même dans les nuits les plus obscures, peuvent en quelque sorte voir toujours où est le Nord. Il faut seulement remarquer que l'aiguille ne se dirige pas exactement vers le Nord; ainsi à Paris elle incline de 20 degrés vers l'Ouest; c'est ce qu'on appelle la *déclinaison de Paris*; chaque région a sa déclinaison particulière, qui change même un peu chaque année. Mais on sait tenir compte de toutes ces variations et on peut être assuré de trouver avec une exactitude suffisante le point nécessaire pour s'orienter.

§ 7. — VITESSE DE CHAQUE POINT DE LA TERRE DANS LE MOUVEMENT DIURNE.

Nous avons dit que la Terre tournait autour de son axe en 24 heures; c'est le *mouvement diurne*. Tous les points de la surface du globe accomplissent, en 24 heures, leur révolution; mais tous n'ont pas à parcourir des cercles également grands. Les points les plus éloignés de l'axe ont le plus grand tour à faire et sont nécessairement animés d'une plus grande vitesse; comme ils ont 10,000 lieues à parcourir en 24 heures, leur vitesse est d'environ 7 lieues par minute. Dans nos contrées, la vitesse est moindre; elle est de 5 lieues environ par minute, c'est-à-dire presque la vitesse du boulet chassé par le canon. Les points voisins des pôles vont plus lentement; les pôles restent immobiles ou plutôt tournent sur eux-mêmes. L'atmosphère, c'est-à-dire la couche d'air qui enveloppe la Terre,

tourne elle-même avec le globe dont elle fait partie ;
si elle était immobile, il régnerait continuellement sur
toute la surface de la Terre un vent d'une violence
extrême, d'une vitesse de 5 lieues dans nos régions,
tandis que, dans les ouragans les plus furieux, le vent
parcourt au plus trois quarts de lieue par minute.

§ 8. — LA TERRE TOURNE AUTOUR DU SOLEIL EN
365 JOURS. — LES SAISONS. — INÉGALITÉ DES JOURS.

Outre ce mouvement diurne, qui produit l'alterna-
tive du jour et de la nuit, la Terre a un autre mouvement qui produit les saisons et l'inégalité des jours ;
c'est le mouvement de translation autour du Soleil,
qui lui est commun avec toutes les autres planètes.
On a souvent comparé ces deux mouvements simul-
tanés à ceux d'une toupie, qui, vigoureusement lancée,
tourne sur elle-même tandis qu'elle court en rond sur
le sol.

La Terre circule autour du Soleil dans un espace de
temps de trois cent soixante-cinq jours ou une année,
avec une vitesse de 27,000 lieues dans une heure. Si
l'axe de la Terre était perpendiculaire au plan de l'orbite annuelle, les jours et les nuits seraient de 12 heures pour toute la Terre et il n'y aurait pas de variations dans les saisons. Mais la ligne des pôles est incli-
née sur cette orbite. Aussi chaque jour la position de
chaque lieu varie dans son rapport avec le Soleil ;
tantôt le Soleil semble décrire un cercle de plus en
plus vaste, en montant dans le firmament du Sud vers
le Nord ; c'est alors pour nous le temps des saisons les
plus chaudes et des jours les plus longs ; tantôt, au

contraire, il semble s'abaisser dans le firmament du Nord vers le Sud, décrivant chaque jour un cercle de plus en plus petit; c'est pour nous le temps des saisons les plus froides et des jours les plus courts. Sans entrer dans des explications savantes, nous nous contenterons de dire ce que tout le monde doit connaître et peut retenir facilement.

§ 9. — LES SAISONS : L'ÉQUINOXE DU PRINTEMPS; LE SOLSTICE D'ÉTÉ ; L'ÉQUINOXE D'AUTOMNE ; LE SOLSTICE D'HIVER. — LES CERCLES POLAIRES ET LES TROPIQUES.

Deux fois par an, le 20 mars et le 22 septembre, les rayons du Soleil tombent perpendiculairement sur

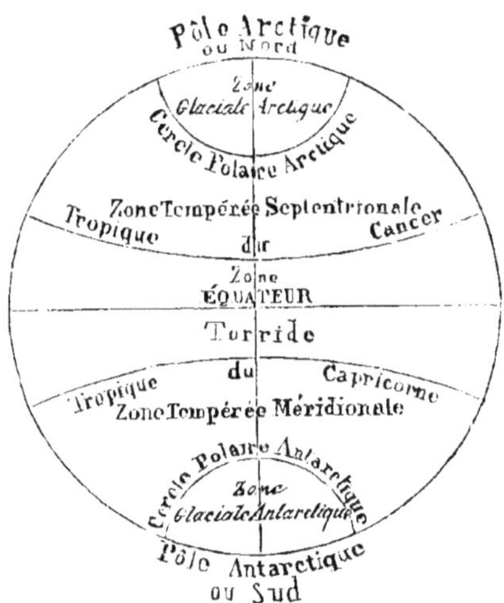

l'Équateur terrestre. Au 20 mars, commencement du printemps pour nous, il y a 12 heures de jour et

12 heures de nuit pour toutes les parties de la Terre ; c'est l'époque qu'on nomme *Équinoxe* (Nuits égales) *du Printemps*. Au 21 juin, commencement de l'Été, le Soleil semble s'arrêter dans sa marche apparente vers le Nord ; de là le nom de *Solstice d'Été* donné à ce jour ; alors les rayons solaires tombent perpendiculairement sur une ligne de la surface terrestre qu'on nomme *Tropique du Cancer* (d'un mot grec qui signifie tourner) ; c'est pour nous le plus long jour de l'année et la nuit la plus courte ; le Soleil éclaire alors toute la partie de la sphère qui s'étend depuis le pôle Nord jusqu'à une ligne circulaire, parallèle au Tropique, et qu'on nomme *Cercle polaire arctique* ; le 21 juin, sur toute cette ligne, le jour est de 24 heures et la nuit est nulle.

Depuis le 21 juin, le Soleil semble rétrograder vers l'Équateur ; et le 22 septembre, il se retrouve directement au-dessus de cette ligne ; c'est alors l'*Équinoxe d'Automne* ; les jours sont encore égaux aux nuits par toute la Terre. — Trois mois après, au 21 décembre, le Soleil s'est éloigné de nous ; il arrive au-dessus d'une ligne circulaire, le *Tropique du Capricorne*, qui est à la même distance de l'Équateur que le Tropique du Cancer ; c'est alors *le Solstice d'Hiver* ; c'est pour nous l'époque du jour le plus court et de la nuit la plus longue ; le Soleil éclaire alors toute la partie de la sphère située entre le pôle Antarctique et une ligne circulaire appelée *Cercle polaire antarctique* ; le 21 décembre, sur toute cette ligne, le jour est de 24 heures et la nuit nulle.

§ 10. — INÉGALITÉ DES JOURS. — LES CINQ ZONES.

Ainsi, de l'équinoxe du printemps à l'équinoxe d'automne, il y a un jour de 6 mois au pôle boréal et une nuit de 6 mois au pôle austral ; des jours variant de 24 heures à 6 mois, du cercle polaire arctique au pôle boréal, et des nuits variant de 24 heures à 6 mois, du cercle polaire antarctique au pôle austral ; des jours variant de 12 heures à 24 heures, de l'Équateur au cercle polaire arctique, et des nuits variant de 12 heures à 24 heures, de l'Équateur au cercle polaire antarctique. C'est le contraire de l'équinoxe d'automne à l'équinoxe du printemps.

De là la division de la surface de la Terre en cinq grandes régions appelées *zones*, d'un mot grec qui signifie ceinture. La *zone torride* s'étend des deux côtés de l'Équateur, entre les deux Tropiques: de là le nom de contrées intertropicales ; les *deux zones tempérées*, boréale et australe, sont situées dans chaque hémisphère, entre chacun des Tropiques et chaque cercle polaire ; les *deux zones glaciales*, boréale et australe, ou arctique et antarctique, sont deux calottes sphériques qui entourent chacun des pôles et finissent aux cercles polaires.

Dans la zone torride, dont la surface est la plus considérable, le Soleil, à l'heure de midi, est presque toujours au point le plus élevé du ciel; de là la haute température des contrées *intertropicales*. Les nuits et les jours ayant une durée presque toujours égale, la température varie peu, et il n'y a pour ainsi dire qu'une saison, l'été. Les arbres n'y perdent jamais leur verdure; la végétation, quand il y a de l'humidité, est luxuriante; les fleurs, aux couleurs éclatantes, y poussent à profusion. C'est la patrie des oiseaux au brillant plumage; mais c'est là aussi que vivent les grands animaux sauvages, l'éléphant, le rhinocéros, l'hippopotame, le tigre, les monstrueux reptiles, les insectes redoutables. L'homme, dominé par un climat énervant, y est généralement misérable.

Dans les deux zones tempérées les rayons du Soleil n'arrivent au sol qu'obliquement, surtout en hiver; aussi la température est-elle plus douce; elle est aussi plus variable, à cause de cette obliquité plus ou moins grande des rayons solaires, et aussi à cause de l'inégalité des jours et des nuits. C'est là qu'il y a véritablement les 4 saisons. Les zones tempérées, moins riches que la zone torride, donnent les productions les plus utiles à l'homme, les céréales, la vigne, etc. C'est aussi là que l'homme peut déployer librement toute son activité corporelle, toutes les ressources de son intelligence. C'est le domaine de la civilisation et de la puissance.

Dans les deux zones glaciales, l'action du Soleil, même dans la partie de l'année où il éclaire ces régions, est beaucoup moins sensible en général; quand l'hiver, quand la nuit sont arrivés, le froid devient excessif, la mer se gèle à une grande profondeur. La végétation s'étiole, diminue, disparaît; les maigres buissons de saules, de bouleaux cessent de traîner languissamment à terre; puis les herbes, les mousses, les lichens ; enfin, il n'y a plus que de la neige et de la glace qui recouvrent la terre. Ces régions déshéritées semblent interdites à la race humaine; on n'y trouve que quelques rares individus, chétifs de taille, trapus, sauvages, vivant avec peine de la chasse et de la pêche ; ou quelques intrépides voyageurs, venus d'Europe, qui cherchent, par amour de la science, à pénétrer les mystères de ces pays encore presque inconnus.

§ 11. — LES GLOBES, LES MAPPEMONDES, LES CARTES GÉNÉRALES, PARTICULIÈRES, ETC., REPRÉSENTENT LA TERRE OU LES PARTIES PLUS OU MOINS GRANDES DE SA SURFACE.

Pour faciliter l'étude de la géographie, on représente la Terre, soit par des globes ou sphères, soit par des cartes à surface plane.

Les *globes* ont l'avantage de reproduire la forme de la Terre, de faire comprendre facilement, à la simple vue, la position respective de toutes les parties de notre planète. Mais l'usage des globes est loin d'être toujours commode, et d'ailleurs, même en leur donnant de grandes dimensions, on ne peut s'en servir, pour indiquer tous les détails qui font connaître la superficie et le relief des diverses régions de la surface de la Terre.

On a donc eu recours à plusieurs moyens ingénieux pour représenter au moyen de cartes planes ce qui est convexe dans la nature.

Les cartes qui nous montrent la Terre tout entière, sur un seul plan, sont des *mappemondes* ou des *planisphères*.

Les cartes qui représentent une partie du monde s'appellent *cartes générales* ; celles qui représentent seulement une contrée, comme la France, sont des *cartes particulières*. Les *cartes spéciales* ont pour objet des études déterminées, comme les cartes marines, qui font connaître les mers et les côtes et sont indispensables à la navigation ; comme les cartes topographiques, qui rendent dans leurs détails le relief et l'aspect de chaque lieu, et qui sont surtout nécessaires à la guerre. Les *plans* sont les cartes qui représentent une faible étendue de terrain, une ville, avec ses quartiers, ses rues, ses monuments.

§ 12. — LES PARALLÈLES ET LES DEGRÉS DE LATITUDE. — LES MÉRIDIENS ET LES DEGRÉS DE LONGITUDE.

Pour déterminer la position d'un lieu quelconque sur la surface de la Terre, on a imaginé de se servir des parallèles et des méridiens. On appelle *parallèles* les lignes circulaires, parallèles entre elles, de l'Équateur à chaque pôle ; on appelle *méridiens* de grands cercles, perpendiculaires à l'Équateur, passant par le centre de la Terre et par les deux pôles ; on leur donne ce nom, parce qu'il est midi en même temps pour tous les points situés sur le même méridien, d'un pôle à l'autre, dans la moitié de la sphère éclairée par le Soleil, et minuit pour tous les points situés sur le même méridien, dans l'autre partie qui n'est pas éclairée. De là la division de la surface de la Terre en *degrés de latitude* et *degrés de longitude* ; la LATITUDE d'un lieu est sa distance à l'Équateur ; on a divisé la distance de l'Équateur à cha-

que pôle en 90 parties égales ou degrés; chaque degré en 60 parties ou minutes; chaque minute en 60
parties ou secondes, et on dira que Paris est à 48 degrés 50 minutes 49 secondes de latitude Nord (au Nord
de l'Équateur), ce qu'on écrit ainsi: 48° 50' 49" lat. N.

De même on a divisé la surface du globe dans le

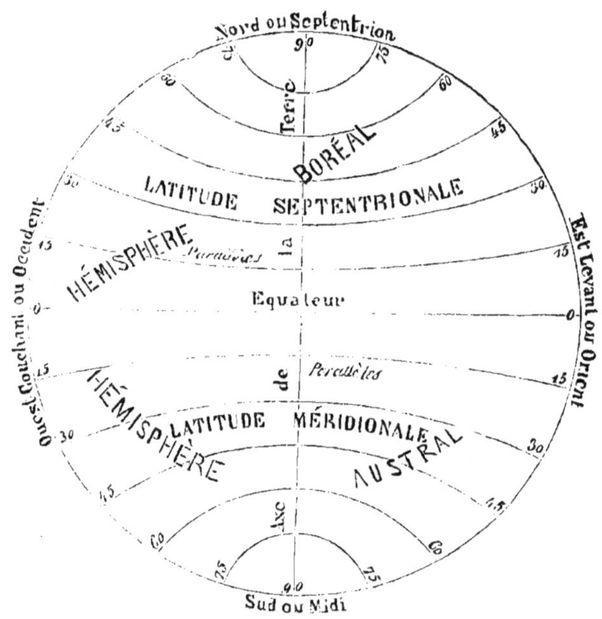

sens des méridiens en 360 parties égales qu'on appelle
également degrés, subdivisés en minutes et en secondes; les différents peuples ont pris pour point de
départ un méridien à leur convenance; ainsi les Français ont adopté celui qui passe par l'Observatoire de
Paris et par les deux pôles. La LONGITUDE d'un lieu

quelconque est la distance de ce lieu au premier méridien ; ainsi on dira Brest est à 6° 49' 42" longitude Ouest du méridien de Paris.

La position de chaque lieu est donc nettement déterminée, lorsqu'on en connait exactement la latitude

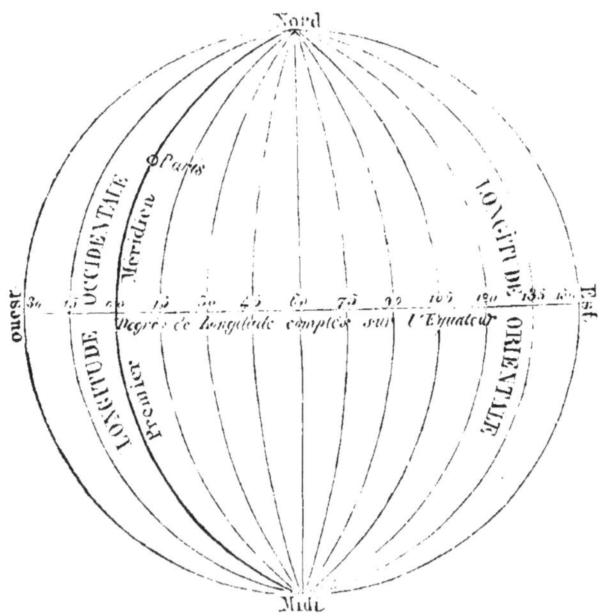

et la longitude ; on l'indique ainsi : Bordeaux est à 44° 50' 19" lat. N. et à 2° 54' 56" long. O. de Paris.

Remarquons qu'une différence d'un degré de longitude correspond à une différence de temps de 4 minutes. Le Soleil en effet éclaire successivement les 360 degrés de longitude en 24 heures ; il semble donc parcourir 15 degrés dans 1 heure ou 1 degré en

4 minutes. Nous disions que Brest était à 6° 49' de long. O.; il y a donc une différence de plus de 27 minutes entre l'heure de Paris et l'heure de Brest; lorsqu'il est midi à Paris, il n'est encore que 11 heures 33 minutes à Brest. Prenons d'autres exemples encore plus frappants : Constantinople est à 26° 38' 50" long. E. de Paris; lorsqu'il est midi à Paris, il est 1 heure 46 minutes 35 secondes à Constantinople; New-York, la plus grande ville des États-Unis d'Amérique, de l'autre côté de l'Océan Atlantique, est à 76° 20' long. O.; quand il est midi à Paris, il n'est encore que 7 heures du matin environ à New-York. La transmission d'une dépêche par la merveilleuse découverte de l'électricité se faisant presque instantanément, on voit par là qu'une dépêche envoyée de Paris à midi, s'il n'y a eu aucune cause de retard, arrive à New-York lorsqu'il n'est encore que 7 heures du matin dans cette ville. — Mais, d'un autre côté, Dunkerque en France, au N. de Paris, Carcassonne en France, au S. de Paris, Alger en Afrique, se trouvant sur le méridien de Paris, il est midi dans ces villes lorsqu'il est midi à Paris.

CHAPITRE II

La mer ; superficie, marées. — Décrire les cinq Océans.

§ 13. — LA MER ; SUPERFICIE, MARÉES.

La surface du globe se divise en deux grandes parties : l'*océan* ou la *mer*, comprenant toutes les mers, les golfes, les détroits, etc. ; — et la *terre*, comprenant les continents et les îles.

Les eaux couvrent environ les trois quarts de cette surface ; si l'on admet qu'elle est de 510 millions de kilomètres carrés, les continents et les îles occupent environ 130 millions de kilomètres carrés ; les eaux 380 millions. Les terres et les mers ne sont pas également réparties sur toute la surface ; la superficie des terres est beaucoup plus considérable dans l'hémisphère boréal que dans l'hémisphère austral.

La surface des mers est sans cesse agitée par les vents, qui produisent des *ondes*, des *vagues*, des *lames*, des *flots*, suivant leur intensité ; mais la profondeur des eaux, après 30 ou 40 mètres, n'en paraît pas affectée, même dans les plus grandes tempêtes. Il y a de plus des *courants*, qui circulent régulièrement dans l'étendue des mers. Enfin l'un des mouvements les plus curieux des eaux de l'Océan est celui des *marées;* elles sont produites par l'attraction de la Lune et du Soleil. Deux fois par jour, les eaux s'élèvent et deux fois elles s'abaissent ; dans le premier cas, c'est la *marée montante* ou le *flux;* dans le second, la *marée descendante* ou le *reflux.* Bien des circonstances locales exercent une grande influence sur la hauteur des marées; ainsi, elles sont peu sensibles en pleine mer, dans chaque Océan Glacial et sur les côtes des îles situées au milieu des océans ; elles sont au contraire très-fortes dans certaines parties resserrées de la mer, comme dans la Manche et surtout dans le golfe de Saint-Malo. Dans les mers intérieures, comme la Méditerranée, la mer Baltique, elles sont également peu sensibles.

§ 14. — L'OCÉAN GLACIAL ARCTIQUE. — L'OCÉAN GLACIAL ANTARCTIQUE.

L'OCÉAN se divise en cinq grandes parties, qui portent le nom d'océans et qui communiquent entre elles : *l'Océan Glacial arctique* entoure le pôle Nord jusqu'à la limite du cercle polaire arctique; il s'étend au N. de l'ancien et du nouveau continent. Il forme la mer Blanche au N. de l'Europe; la mer de Kara, la mer de Sibérie, au N. de l'Asie; la mer Polaire, la mer de Baffin et la mer d'Hudson, au N. de l'Amérique. Il est presque partout recouvert d'amas immenses de glaces, et on n'a pu jusqu'ici pénétrer que jusqu'au 83° de lat. N. Au delà du cercle polaire, il y a des jours

de plus de 24 heures; au 80° le Soleil reste sur l'horizon
pendant 134 jours, et au-dessous pendant 127 jours;
la triste obscurité de la nuit n'est dissipée que par la
lumière crépusculaire ou par les brillantes lueurs des
aurores boréales. On trouve dans ces contrées désolées
des oies, des canards, des pluviers, mais surtout des
animaux qui fournissent de l'huile : phoques, morses,
narvals, baleines de 20 à 25 mètres de long, ours
blancs.

L'*Océan Glacial antarctique* entoure le pôle Sud jusqu'à la limite du cercle polaire antarctique. Il est encore moins connu que le précédent; le froid y paraît
plus intense; les glaces s'avancent beaucoup plus vers
l'Équateur; on a peu dépassé le 78° de lat. S., et on a
cru entrevoir les bords d'une sorte de continent glacé,
qui entourerait le pôle.

§ 15. — L'OCÉAN ATLANTIQUE. — LE GRAND OCÉAN. — L'OCÉAN INDIEN.

L'*Océan Atlantique* s'étend du N. au S. entre les deux
cercles polaires; c'est comme un fleuve immense entre
l'Europe et l'Afrique à l'E., les deux Amériques à l'O.
C'est l'océan le plus fréquenté depuis la fin du xv° siècle. Les rivages de l'Atlantique, qui se correspondent,
sont très-découpés dans sa partie septentrionale, et il
forme sur les côtes d'Europe deux mers intérieures, la
mer du Nord, réunie à la Baltique, et la Méditerranée;
sur les côtes de l'Amérique, le golfe du Saint-Laurent,
le golfe du Mexique et la mer des Antilles.

Le Grand Océan s'étend également entre les deux cercles polaires, entre l'Asie à l'O., et l'Amérique à l'E.

PÔLE SUD
et Océan Glacial Antarctique

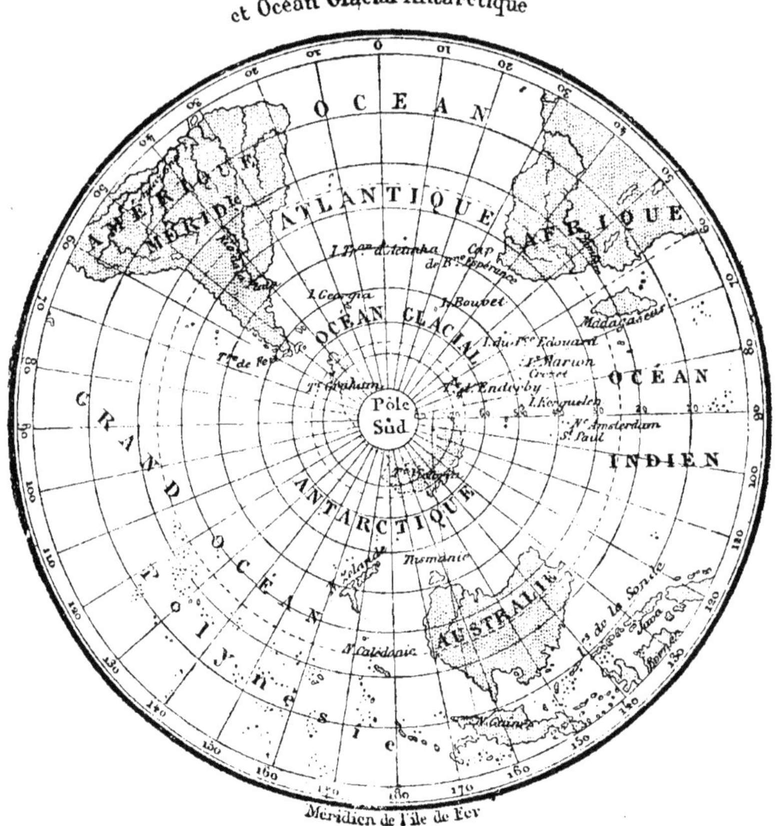

Il renferme la plupart des îles de l'Océanie. Presque fermé au N., il communique avec l'Océan Glacial arctique par la mer de Behring et le faible détroit de Behring, qui sépare l'Asie de l'Amérique; il s'élargit ensuite de plus en plus, et, très-ouvert au S., il confond ses eaux avec celles de l'Océan Glacial antarctique et de l'Océan Indien. Il forme sur les côtes orientales de l'Asie la mer d'Okhotsk, la mer du Japon, la mer Jaune, la mer de la Chine. Ses côtes sont généralement élevées, entourées de hautes montagnes, qui laissent peu de place entre elles et la mer ; il reçoit peu de grands fleuves.

Son immense bassin est partagé par la longue « voie lactée des petites îles de l'Océanie » en deux bassins presque distincts, qui ont leurs eaux particulières, leurs vents, leurs courants. Il est en général très-profond et cependant renferme beaucoup d'écueils dangereux. C'est dans ses parties les moins profondes, surtout entre les tropiques, qu'on voit les *madrépores*, ces zoophytes infiniment petits, qui donnent naissance à d'énormes bancs de corail et à des îles nombreuses; ainsi, sur la côte orientale de l'Australie, il y a dans la *mer de Corail* un récif dangereux, long de 600 kilomètres, uniquement formé par ce travail incessant des madrépores.

L'Océan Indien est situé au S. de l'Asie, entre l'Afrique à l'O., les îles de la Sonde et l'Australie à l'E. ; il se confond vers le S. avec l'Océan Glacial antarctique, et s'unit à l'Océan Atlantique vers le cap de Bonne-Espérance, au Grand Océan vers le cap Leeuwin, au S. de l'Australie. C'est comme une cuve immense, située dans l'une des parties les plus chaudes du globe; il n'y a de grandes profondeurs qu'au S. de l'embouchure du Gange, où le trou appelé *great swatch* a 4,000 mètres.

§ 16. — LES VENTS. — LES VENTS ALIZÉS; LES CONTRE-ALIZÉS. — LES MOUSSONS.

Deux grands phénomènes, qui ont pour théâtre les mers, méritent surtout d'être signalés, à cause de leur influence générale sur les conditions d'existence de notre planète : *les vents* et *les courants.*

L'atmosphère, masse gazeuse qui entoure la terre d'une enveloppe sphérique d'environ 50 à 60 kilomètres d'épaisseur, est sans cesse agitée par les vents, c'est-à-dire par le déplacement plus ou moins rapide des molécules de l'air. Ces vents transportent continuellement dans toutes les parties du globe la vapeur d'eau, produite, sous forme de brouillards, de rosée, de nuages, par l'évaporation des eaux. On ne connaît pas encore toutes les causes variées des courants aériens, mais on a constaté les lois principales des vents, qui soufflent habituellement dans la même direction, surtout sur la surface des mers, ou *vents constants, vents réguliers.*

Les courants aériens sont dus surtout à l'opposition des températures qui dilatent ou condensent alternativement les molécules d'air et les molécules de vapeur d'eau que contient l'atmosphère. — A l'Équateur, la chaleur dilatant sans cesse la masse d'air qui est accumulée, l'air froid des pôles est sans cesse entraîné vers l'Équateur pour combler le vide, allant ainsi du N. au S. dans l'hémisphère boréal, du S. au N.

dans l'hémisphère austral. A cause de la rotation de
la terre d'Occident en Orient, ces courants d'air
doivent prendre la direction du N.-E. au S.-O. et
celle du S.-E. au N.-O., parce que, venant des régions
polaires où la vitesse de rotation est faible, ils rencontrent, en se rapprochant de l'Équateur, des régions
dont la vitesse de rotation est de plus en plus grande.
De là, les vents constants ou *vents alizés*, qui soufflent
du N.-E. dans l'hémisphère boréal, du S.-E. dans l'hémisphère austral, depuis le 30° lat. N. jusque vers le
25° lat. S. Les zones de ces deux alizés sont séparées
par une *zone de calmes*, qui se trouve dans l'hémisphère
boréal du 3° au 9° lat. N. ; la force d'ascension produite
dans cette région par une chaleur intense, neutralise
l'effet des courants horizontaux et amène souvent des
ouragans soufflant dans toutes les directions : de là
les *cyclones* des Antilles, les *typhons* de la mer de la
Chine, les *tornados*; etc.

Les masses d'air, dilatées vers l'Équateur et pous-
sées vers les régions supérieures de l'atmosphère, re-
tournent vers les pôles, en formant des courants supé-
rieurs qui doivent avoir la direction du S.-O. vers le
N.-E. dans l'hémisphère boréal, du N.-O. vers le S.-E.
dans l'hémisphère austral. Les faits observés confir-
ment la théorie.

Peu à peu cet air se refroidit, se condense et retombe
vers la surface du globe, aux environs du 30° lat. N.
ou S., il se heurte contre l'air venant des pôles, et la
neutralisation des forces contraires produit de chaque
côté de l'Équateur une nouvelle zone de calmes : celle
du tropique du Cancer, celle du tropique du Capricorne.

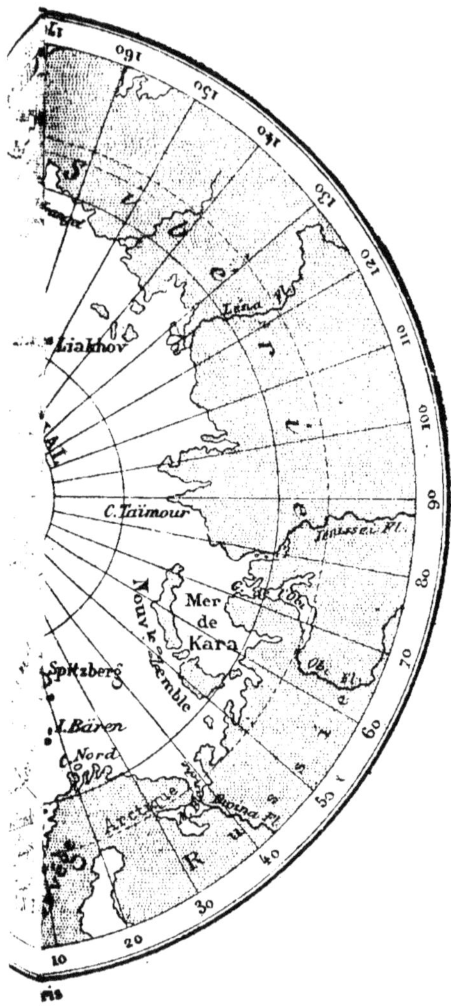
Liakhov
C. Taïmour
Léna Fl.
Ienissei Fl.
Mer
de
Kara
Nouvelle Zemble
Spitzberg
I. Bären
C. Nord
Arctique
Obi Fl.
Dwina Fl.
10
20
30
40
50
60
70
80
90
100
110
120
130
140
150
160
170

— Au delà de ces deux zones, les vents, sans avoir la régularité des alizés, soufflent le plus souvent du S.-O. dans l'hémisphère boréal, du N.-O. dans l'hémisphère austral : c'est ce qu'on nomme les *contre-alizés*.

Ces différentes zones de vents déterminent les saisons de pluies périodiques dans certaines régions du globe. Dans la zone des calmes de l'Équateur, l'atmosphère est étouffante : le ciel est presque constamment couvert de nuages, qui forment un véritable anneau entourant complétement la Terre. Cet anneau, voyageant avec la zone des calmes qui se déplace suivant les saisons, protége contre les rayons du Soleil les régions qu'il couvre et y ramène la pluie à des époques régulières. Les décharges électriques sont fréquentes au sein de ces nuages. — Dans la zone des vents alizés, le temps est habituellement serein; il n'y a qu'une saison de pluie, c'est l'*hivernage*. — Du 25° au 45° lat. N., du 25° au 40° lat. S., il ne pleut presque pas en été, mais il pleut dans les autres saisons. — Au delà il pleut dans toutes les saisons. — La pluie est rare dans les zones glaciales.

Le Grand Océan a ses vents alizés comme l'Océan Atlantique. On attribue aux mêmes causes générales le *simoun*, qui souffle du Sahara vers le N.; le *khamsin*, qui souffle vers le N.-E., en Égypte; le *solano* d'Espagne, le *sirocco* d'Algérie et d'Italie; l'*harmattan*, qui vient du N.-E. sur les côtes de Guinée; les *vents de bise* qui viennent du N.; le *mistral*, qui souffle du N.-O. dans la France méridionale; les *vents étésiens* de la Méditerranée; les *bouranes* des steppes de la Russie; le *pampeiro* des pampas de La Plata. — Telles

sont aussi les causes des *moussons*, vents particuliers
à l'Océan Indien. Leur action se fait surtout sentir
au N. de l'Équateur: d'avril en octobre, lorsque l'hémisphère boréal est échauffé par les rayons du Soleil,
l'air se dilate dans les plaines de l'Inde et sur le vaste
plateau central de l'Asie, un vide se produit et il y a
un appel constant d'air qui se précipite du S.-O. à
cause de la rotation de la Terre, c'est alors la
mousson du S.-O.; mais d'octobre en avril, quand
l'hémisphère austral est à son tour échauffé, l'air se
dilate dans l'Afrique australe, et un courant d'air plus
frais arrive doucement du N.-E. pour combler le
vide; c'est *la mousson* du N.-E. — Au sud de l'Équateur, dans cette mer, règne presque toujours un vent
alizé du S.-E.

§ 17. LES COURANTS. — LE GULF-STREAM. — LE KUROSIVO.

De grands courants maritimes, de grands fleuves,
en quelque sorte, circulent dans l'Océan. Les causes
générales de ces courants sont, comme pour l'air, la
chaleur du Soleil et la rotation de la Terre. Dans la
zone torride, la chaleur produit sans cesse une grande
évaporation de la masse liquide; pour combler le vide,
deux grands courants d'eaux froides viennent des
régions polaires vers l'Équateur, et sont de plus en plus
poussés vers l'O. par les vents alizés et par suite de
la rotation de la Terre, de manière à ne former qu'un
vaste fleuve océanique, qu'on nomme *le courant
Équatorial*. — Dans l'Atlantique, ce courant, arrêté par

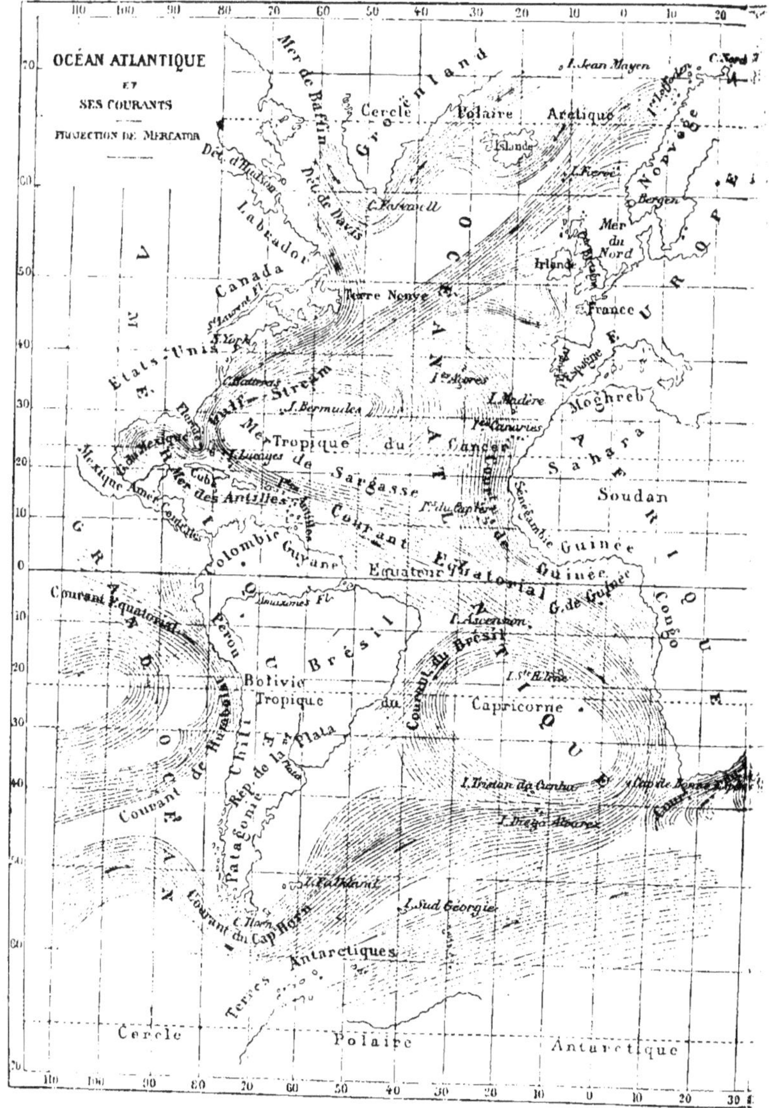
OCÉAN ATLANTIQUE
ET
SES COURANTS
PROJECTION DE MERCATOR
Groenland
Cercle Polaire Arctique
I. Jean Mayen
C. Nord
Islande
I. Féroé
Norvège
EUROPE
Bergen
Mer du Nord
Irlande
France
Espagne
Mer de Baffin
Dét. d'Hudson
Dét. de Davis
C. Farewell
Labrador
Canada
Terre Neuve
St Laurent Fl.
N. York
États-Unis
C. Hatteras
I. Bermudes
Gulf-Stream
Floride
G. du Mexique
Mexique
Cuba
I. Lucayes
Mer des Antilles
Amér. Centrale
Tropique du Cancer
Mer de Sargasse
I. Madère
I. Canaries
Moghreb
Sahara
Soudan
Courant de Guinée
Guinée
Sénégambie
I. du Cap-Vert
Courant Équatorial
Colombie
Guyane
Équateur
G. de Guinée
Congo
AFRIQUE
Pérou
Amazones Fl.
Brésil
I. Ascension
Courant Équatorial
OCÉAN
Bolivie
Tropique du Capricorne
Chili
Rép. de la Plata
I. Ste Hélène
Courant du Brésil
Courant de Humboldt
La Plata
Patagonie
I. Tristan da Cunha
Cap de Bonne Espérance
I. Diego Alvarez
Courant
C. Horn
Courant du Cap Horn
I. Falkland
I. Sud Géorgie
Terres Antarctiques
Cercle Polaire Antarctique

l'Amérique, se partage en deux courants, qui se dirigent vers les pôles, en obliquant de plus en plus vers
l'E.; le courant qui suit la côte de l'Amérique méridionale rencontre au S.-E. les eaux froides qui viennent du pôle antarctique et remontent vers l'Équateur
le long de l'Afrique occidentale. Le courant qui parcourt l'hémisphère boréal est plus important et mieux
étudié; il pénètre dans la mer des Antilles, puis dans
le golfe du Mexique, où il s'échauffe assez pour prendre le nom de *Gulf-Stream* (courant du golfe). Il con-
tourne la presqu'île de Floride, s'élance vers le N. par
le canal de Floride, avec une vitesse de 6 à 7 kilomètres
par heure, s'étale dans les eaux plus basses qui lui
servent de lit, a 125 kilomètres de largeur en face du
cap Hatteras, mais seulement 220 mètres de profondeur
au lieu de 370, et s'éloigne de plus en plus de la
côte américaine. Dans les parages du banc de Terre-
Neuve, il rencontre un courant froid venant du N.;
c'est ce qui explique la fonte des glaces charriées par
ce courant, les brouillards épais de ces parages et
même la formation du banc de Terre-Neuve. L'eau
du Gulf-Stream, plus saturée de sel, est d'un beau
bleu sombre; il est facile de reconnaître ses rives au
milieu de l'Océan ; la chaleur y est bien plus grande
que dans la mer qui l'environne; aussi, lorsqu'arri-
vant dans les parages des Açores, il se divise en plusieurs courants secondaires, ces différents bras ré-
chauffent toute l'Europe occidentale, et surtout la
Bretagne française, l'Irlande, l'O. de la Grande-Breta-
gne, les Shetland, les Féroë, les côtes de la Norvége;
l'une de ses branches pénètre même dans l'Océan

Glacial jusqu'au golfe Varanger, l'autre vers les parages du Spitzberg; une branche (courant de Rennell) coule vers le S., par le golfe de Gascogne, les Canaries, les îles du Cap-Vert, pour aller rejoindre le courant équatorial. Ce Gulf-Stream met près de trois ans pour achever son long parcours de 3, 800 lieues. Au centre de la vaste circonférence qu'il forme on voit la *mer de Varech* ou *mer de Sargasse,* à l'O. des Açores, couverte d'herbe, de varechs, aux brillantes couleurs, qui transforment la mer en prairies mobiles.

Le Grand Océan a aussi ses courants. Un vaste fleuve d'eau froide vient de l'Océan Glacial antarctique heurter le S. de l'Amérique méridionale; il longe les côtes de l'O. qu'il rafraîchit, c'est le *courant de Humboldt,* profond de 1,250 mètres à l'O. du Chili, plus froid que les mers environnantes de 10 à 13 degrés. En se repliant vers l'O., il sert à former le *courant Équatorial* du Pacifique, qui s'étend de l'E. à l'O., entre 26° lat. S. et 24° lat. N. ; il épanche une partie de ses eaux dans l'Océan Indien ; une partie considérable, analogue au Gulf-Stream de l'Atlantique, longe les côtes de la Nouvelle-Guinée, des Philippines, du Japon ; c'est le courant de *Tessan* ou *Kuro-Sivo* (fleuve noir) des Japonais; à l'E. de Niphon ses eaux ont plus de 7 à 8 degrés de chaleur que les eaux voisines; il s'étale sur de vastes espaces, rencontre, lui aussi, un courant d'eau froide venant du N. ; c'est là qu'on trouve des brumes épaisses et de grands amas de poissons, comme dans les parages de Terre-Neuve. La plus grande partie du courant forme une courbe vers le S.-E., côtoie les rivages de la Nouvelle-Bretagne et de la Californie, et va rejoindre le courant Équatorial, renfermant également une mer de varech. — Dans le Grand Océan austral on a aussi reconnu un courant analogue, mais moins bien dessiné, comme dans l'Atlantique austral.

Dans l'Océan Indien, les eaux froides venues du S.-E. s'unissent aux eaux du courant Équatorial, qui se dirigent vers l'O.; puis, arrêtées par les côtes d'Afrique, elles coulent vers le S., formant le courant rapide de Mozambique et rencontrent, vers la pointe de l'Afrique, le courant froid qui vient du pôle. Au centre de cette demi-circonférence est également une mer de varech.

Il y a donc une circulation continue dans toutes les parties du vaste Océan, comme dans toutes les parties de l'atmosphère, pour maintenir partout, dans les meilleures conditions, la vie universelle.

§ 18. — PROFONDEUR, — SALURE, — COULEUR DE LA MER.

La profondeur des eaux de l'Océan est encore peu connue; on croit que la partie la plus creuse de l'Atlantique du Nord est entre les Açores, les Bermudes et Terre-Neuve; au S.-E. du banc, la sonde a mesuré plus de 8,000 mètres. Entre le Grand Océan et l'Océan Indien on a, dit-on, trouvé plus de 14 kilomètres. On pense que la profondeur moyenne des eaux est entre 4 et 7 kilomètres.

L'Océan est partout salé, mais dans des proportions différentes; l'Atlantique est plus salé que le Grand

Océan et l'Océan Indien ; la Méditerranée et le golfe Arabique sont plus salés que l'Atlantique ; la mer du Nord, la mer Baltique, les mers Glaciales renferment moins de sel.

Les sels de la mer empêchent la corruption des eaux et contribuent aussi aux mouvements des courants ; l'évaporation, en augmentant la salure, augmente la densité des couches supérieures qui tendent à descendre ; d'un autre côté les myriades de zoophytes, qui enlèvent sans cesse une partie des sels marins, rendent moins denses les couches inférieures qui tendent à s'élever.

On ne sait pas encore bien les causes de la couleur généralement bleue des eaux de l'Océan. Dans le golfe de Guinée, la mer est blanchâtre ; elle est noire autour des îles Maldives ; jaunâtre entre la Chine et le Japon ; verdâtre à l'O. des Canaries et des Açores ; rouge dans la mer Vermeille et le golfe Arabique. Il paraît que ces diverses nuances sont dues à des substances colorantes ou à des animalcules et des végétaux microscopiques. On attribue aussi généralement à des animalcules lumineux la phosphorescence de la mer.

CHAPITRE III

La Méditerrannée.

§ 19. — LA MÉDITERRANÉE. — SES DIFFÉRENTES PARTIES.
— LA MÉDITERRANÉE OCCIDENTALE.

De toutes les mers secondaires, la Méditerranée est celle qui, à toutes les époques, a eu la plus grande importance. Dans l'antiquité et même pendant le moyen âge, elle était comme le centre du monde connu. Elle mérite donc une description particulière.

LA MÉDITERRANÉE (*Internum mare,* la mer Intérieure des Romains) est, comme son nom l'indique, située au milieu des terres. Elle ne communique à l'Océan Atlantique que par le *détroit de Gibraltar* (anciennement détroit de Gadès ou Colonnes d'Hercule). Elle baigne toute l'Europe méridionale et l'unit à l'Afrique et à l'Asie plutôt qu'elle ne les sépare, à cause de sa largeur proportionnellement restreinte, à cause de ses îles et des facilités qu'elle offre à la navigation. Trois grandes presqu'îles, Ibérique, Italienne, Turco-Hellénique, s'avancent vers le S., comme à la rencontre de l'Afrique et de l'Asie, pour multiplier les rivages européens.

On peut diviser la Méditerranée et toutes les mers qui en dépendent en trois parties : 1° LA MÉDITERRANÉE OC-CIDENTALE baigne en Europe les côtes d'Espagne, de France, d'Italie, et le N.-O, de l'Afrique ; ces côtes sont d'aspect varié, tantôt élevées, tantôt basses et malsaines, comme dans les Maremmes de Toscane et les Marais Pontins en Italie ; mais la mer est presque partout profonde, si ce n'est près des rivages de l'Afrique. Les montagnes, qui forment la ceinture du bassin de la Méditerranée (Sierra Nevada, monts Ibériens, Pyrénées occidentales et centrales, Corbières occidentales, Cévennes, Côte d'Or, plateau de Langres, Faucilles, Vosges méridionales, Jura, Noirmont, Alpes Bernoises, Alpes occidentales, Apennins, en Europe ; Atlas, en Afrique), sont généralement peu éloignées de ses bords ; aussi reçoit-elle peu de grands fleuves, et il n'y a à nommer que les vallées de l'Èbre, du Rhône, de l'Arno, du Tibre, etc.

La superficie est d'environ 98,000 kilomètres carrés. On y trouve ; à l'O. *la mer des Baléares* sur les côtes d'Espagne ; au N. *les golfes du Lion* et de *Gênes* ; à l'E. *la mer Tyrrhénienne*, qui forme elle-même les beaux golfes de *Gaëte*, de *Naples*, de *Salerne*, de *Policastro*, etc. — Les îles qu'elle renferme sont : les *Baléares* (Majorque, Minorque, Iviça), qui dépendent de l'Espagne ; les petites îles d'*Hyères* et de *Lérins*, sur les côtes de France ; les trois grandes îles de *Corse*, de *Sardaigne* et de *Sicile*, qui avec l'Italie servent de limites à la mer Tyrrhénienne, et les petites îles qui en dépendent, l'île d'*Elbe*, entre la Corse et l'Italie ; les îles *Lipari*, au N.-E. de la Sicile, les îles *Égades*, à l'O., *Malte*, au S.

Les marées sont peu sensibles sur les côtes de la

Méditerranée; mais il y a des courants assez forts; ainsi, au détroit de Gibraltar, un grand courant supérieur vient de l'Atlantique, et un courant inférieur emporte le superflu des eaux de la Méditerranée; un long courant semble même faire le tour de toute cette mer, en suivant la côte d'Afrique, de l'O. vers l'E., puis celle de Syrie, pour retourner ensuite vers l'O., en longeant les rivages septentrionaux de la Méditerranée; dans plusieurs endroits, sur les côtes d'Afrique, entre la Sicile et l'Italie (Charybde et Scylla des anciens), dans l'Euripe, canal entre la Grèce et l'île de Négrepont, la rencontre des courants produit des remous et des tourbillons jadis redoutés. — Les vents sont très-variables, mais soufflent le plus souvent du N.-O. et du N.-E.; aussi les tempêtes sont assez fréquentes sur la Méditerranée. — On trouve sur les côtes des grandes îles, et principalement sur celles de l'Algérie (Afrique), le corail qu'on pêche avec activité depuis les temps les plus reculés. La Méditerranée occidentale nourrit beaucoup d'anchois, de thons, de murènes et de rougets, que poursuivent les marins de la Catalogne, de la Provence, et de Gênes. — Les ports les plus considérables sont depuis Gibraltar (aux Anglais), Tanger et Ceuta (au Maroc), sur le détroit; Malaga, Carthagène, Barcelone, en Espagne; — Cette, Marseille, Toulon, Nice, en France; — Gênes, La Spezzia, Livourne, Naples, Messine, Palerme, Malte (aux Anglais), en Italie; Bône, Alger, Oran, sur la côte d'Afrique, en Algérie.

§ 20. — LA MÉDITERRANÉE ORIENTALE. — LES MERS QUI DÉPENDENT DE LA MÉDITERRANÉE A L'EST.

2° Le canal de Malte, peu large et surtout très-peu profond, conduit dans la MÉDITERRANÉE ORIENTALE, vers l'endroit où s'élevait Carthage, où se trouve aujourd'hui le port de Tunis, sur la côte d'Afrique. Ce second bassin, plus étendu que le premier, a 160,000 kilomètres carrés. On y trouve sur les côtes d'Afrique les deux golfes de la *petite* et de la *grande Syrte* (golfes de la Sidre et de Cabés), labyrinthes de bancs de sable dangereux; puis les rivages droits de l'Égypte et de la Syrie et les côtes méridionales de l'Asie Mineure, avec les ports de Tripoli, Alexandrie, Port-Saïd, Beyrouth, etc. En Europe, la Méditerranée orientale forme la mer IONIENNE, avec les golfes de *Tarente*, de *Patras*, *Lépante* ou *Corinthe*, qui baigne l'Italie, la Turquie et la Grèce; c'est là que les anciens recherchaient surtout le *murex* qui donne la pourpre; c'est là qu'on pêche de nos jours la *pinne marine*, grand mollusque, qui fournit une longue soie rougeâtre et fine, les thons, les énormes espadons, leurs ennemis. Les ports sont Catane, Tarente, Patras, Corfou. Les principales îles depuis Malte sont la grande île de *Crête* ou *Candie* (à la Turquie) et les îles *Ioniennes* (à la Grèce). —Le canal d'Otrante, avec les ports d'*Otrante*, et de *Brindisi*, conduit de la mer Ionienne dans la mer ADRIATIQUE, terminée au N. par les golfes de *Venise*, de *Trieste* et de *Fiume*, que sépare la presqu'île de l'Istrie. Elle baigne l'Italie à l'O., l'Autriche au N. et au N.-E., la Turquie à l'E. Elle est peu profonde; une partie des côtes, surtout à l'O., est couverte de marais salants et de lagunes. On y pêche également des anchois, des thons, des maquereaux, d'énormes huîtres et des sèches, qui servent à faire la couleur noire appelée *sépia*. Ancône, Venise, Trieste, Fiume, Zara, Raguse, les bouches du Cattaro sont les principaux ports. L'archipel des îles Illyriennes (à l'Autriche) se développe le long des côtes de la Dalmatie. La Méditerranée orientale ne reçoit que deux fleuves importants, le Nil, le grand fleuve d'Égypte, et le Pô qui arrose la belle plaine de l'Italie septentrionale.

3° Une troisième partie de la Méditerranée comprend l'ARCHIPEL (ancienne mer Égée) et la mer NOIRE (Pont-Euxin), que réunissent le détroit des *Dardanelles* (Hellespont), la mer de MARMARA (Propontide), le canal de *Constantinople* (Bosphore de Thrace); la mer d'Azov (Palus-Mœotis), jointe à la mer Noire par le détroit de *Kertch* ou d'*Iénikalé* (Bosphore Cimmérien), n'en est véritablement qu'un golfe. — Ce troisième bassin a une superficie de 72,000 kilomètres carrés. L'ARCHIPEL est une mer toute parsemée d'îles qui unissent la Grèce européenne aux rivages de l'Asie; ses côtes très-découpées présentent les golfes de Nauplie, d'Athènes, de Saloniki, d'Orfano, d'Enos, d'Adramiti, de Smyrne, etc. Les *Cyclades* et la grande île de *Négrepont* (Eubée) dépendent de la Grèce; les *Sporades, Lemno, Samothraki, Imbro* dépendent de la Turquie d'Europe; *Mételin* (Lesbos), *Chio, Samo* et l'île de *Rhodes* dépendent de l'Asie Mineure. Célèbre entre toutes les mers dans l'antiquité, sous le nom de mer *Égée*, elle commence à retrouver une partie de son importance avec les ports de Smyrne, Saloniki, avec le Pirée, qui est toujours le port d'Athènes. C'est là et c'est aussi sur les côtes de Syrie que de courageux plongeurs vont arracher au fond des eaux les plus fines éponges. — La MER DE MARMARA n'est qu'un bassin paisible, aux rives charmantes, entre deux larges fleuves (Dardanelles et Bosphore), avec le port de Constantinople (la Corne d'Or), si admirablement placé. — La MER NOIRE, qui doit son nom aux brouillards épais dont elle est souvent couverte, la *mer Inhospitalière* des anciens, baigne la Turquie à l'O., la Russie au N. et à l'E., l'Asie Mineure au S. Les tempêtes soudaines, surtout quand souffle le mauvais vent du Nord, y sont toujours redoutées des marins ; les glaces y gènent parfois la navigation. La mer Noire, recevant les eaux douces de plusieurs fleuves considérables est beaucoup moins salée que la Méditerranée, qui est, au contraire de plus en plus salée à cause de l'évaporation considérable, et dont les eaux surpassent même en poids d'une manière sensible celles de l'Océan. Un courant, souvent violent, entraîne le trop plein des eaux de la mer Noire, par le canal de Constantinople, vers l'Archipel. — La MER d'AZOV, peu profonde, est comme une sorte de marécage, à l'E. de la presqu'île de Crimée ; elle semble même chaque jour diminuer de profondeur, et la partie occidentale ou *mer Putride*, sur les côtes de Crimée, est véritablement impraticable. — L'Archipel reçoit peu de fleuves importants ; le Vardar, la Maritza sont peu considérables ; mais le Danube, le Dniester, le Dnieper, le Don, le Kouban finissent dans la mer Noire et la mer d'Azov.

La Méditerranée, nous l'avons dit, était le centre du monde connu des anciens; pendant tout le moyen âge, les ports de ses rivages, Venise, Gênes et Pise, Marseille, Barcelone, Constantinople, Alexandrie, etc. conservèrent une grande importance commerciale. De nos jours, de nombreuses lignes de paquebots à vapeur, français, anglais, italiens, autrichiens, russes, desservent les ports de la Méditerranée orientale et de ses dépendances, ceux qu'on nomme les *Échelles du Levant;* enfin, depuis l'ouverture du grand canal maritime de Suez, qui de Port-Saïd sur la Méditerranée conduit à Suez sur la mer Rouge, la Méditerranée communique avec l'Océan Indien et les mers de l'extrême Orient; elle redevient en quelque sorte le centre du monde.

3.

CHAPITRE IV.

Le monde connu des anciens.

§ 21. — CONNAISSANCES GÉOGRAPHIQUES DES HÉBREUX, DES PHÉNICIENS, DES CARTHAGINOIS.

Les anciens n'ont connu qu'une partie des pays renfermés dans l'*ancien continent* ; leurs connaissances ont varié, mais dans certaines limites, qui n'ont jamais été très-étendues ; elles ne comprirent véritablement que l'Asie occidentale, l'Afrique septentrionale, l'Europe méridionale et centrale. La Méditerranée, qui touche à l'Asie, à l'Afrique, à l'Europe, était pour eux comme le centre du monde connu.

Sans parler des conquêtes lointaines des Égyptiens, surtout au temps de Sésostris, leur Ramsès Meïamoun, des expéditions faites par les rois d'Assyrie, Ninus, Sémiramis, dans les régions de l'Asie antérieure, nous dirons quelques mots des connaissances géographiques dues aux Hébreux, aux Phéniciens, aux Carthaginois, aux Grecs et aux Romains.

Pour les *Hébreux*, la terre, dont les bornes sont inconnues, repose sur des fondements perdus dans l'abîme ; elle est représentée sous la forme d'un cercle, au pourtour duquel la lumière confine aux ténèbres. La mappemonde de Moïse est peu étendue; il ne connaît qu'une partie des peuples, avec lesquels les Égyptiens et les Hébreux eurent quelque rapport. Suivant lui, les descendants de Sem peuplèrent les plaines arrosées par l'Euphrate et le Tigre (plaines de Sennaar), puis le nord de l'Arabie ; la plupart étaient pasteurs ; — les descendants de Cham occupèrent la région du Liban ; les bords des golfes Persique et Arabique ; le bassin du Nil; les rivages de la Méditerranée jusqu'au mont Atlas; — les descendants de Japhet s'étendirent au S. de la mer Caspienne, dans l'Arménie, dans la région du Caucase, dans l'Asie Mineure et passèrent en Europe. (Voir le cours de huitième : géographie de la Terre Sainte.)

Les *Phéniciens*, ces hardis navigateurs de l'antiquité, occupaient la côte Syrienne de la Méditerranée orientale, entre la mer et le Liban. Leurs villes de Sidon et de Tyr furent longtemps florissantes. Ils eurent de bonne heure des relations commerciales avec le sud de l'Asie Mineure, avec les îles de la mer Égée, avec toutes les côtes de cette mer; ils pénétrèrent par la Propontide dans le Pont-Euxin; puis arrivèrent à l'Adriatique, à l'Italie, exploitèrent les rivages et les îles de la Méditerranée occidentale, et firent de toute la Méditerranée un véritable *lac Phénicien*. Ils établirent leurs colonies ou leurs comptoirs jusqu'à l'extrémité de cette mer, dans le pays de Tarsis (en Espagne), où s'élevait Gadir, Gadès (aujourd'hui Cadix), sur la côte d'Afrique, où Utique et Carthage devinrent bientôt puissantes.

Ils franchirent les colonnes d'Hercule (détroit de Gibraltar) et se hasardèrent dans la *mer extérieure* (Océan Atlantique) ; ils reconnurent une partie de la côte N.-O. de l'Afrique, allèrent jusqu'aux Canaries ; ou se dirigèrent vers le N., le long des côtes de l'Ibérie (Espagne), de la Gaule (France), jusqu'à l'île d'Albion, où ils exploitèrent l'étain des îles Cassitérides (Sorlingues, au S.-O. de l'Angleterre) ; peut-être ont-ils pénétré jusque dans la mer Baltique, à la recherche de l'ambre sur les côtes de la Prusse actuelle.

Par la mer Rouge, où ils eurent les ports d'Elath et d'Asiongaber, ils allaient acheter les parfums du pays d'Ophir, dans l'Arabie Heureuse (aujourd'hui l'Yémen), vers le pays de Saba, ou sur les côtes de l'Ethiopie (aujourd'hui Abyssinie). Ils tournèrent même l'Arabie et exploitèrent les perles des îles Bahrein, dans le golfe Persique.

Si l'on en croit les traditions égyptiennes, rapportées par l'historien grec Hérodote, les Phéniciens, par l'ordre du roi d'Égypte, Nécos ou Nékaou, au VIIe siècle avant J.-C., auraient fait en trois ans le tour ou périple de l'Afrique ; partant de la mer Rouge, ils seraient revenus par les colonnes d'Hercule. Ce voyage est possible, mais il est peu vraisemblable ; il n'a pas d'ailleurs laissé de traces et n'a eu aucun résultat. — Rien ne nous est resté des documents géographiques que les Phéniciens avaient sans doute recueillis et le livre de Marin de Tyr a péri.

Carthage, la plus célèbre colonie des Phéniciens, acquit une puissance maritime et commerciale sur tous les rivages de la Méditerranée occidentale. Elle posséda, en Afrique, les pays qui corespondent à la Tunisie et à l'Algérie de nos jours; elle établit des comptoirs sur la côte de la Mauritanie (aujourd'hui empire de Maroc); puis sur les côtes méridionales et orientales de l'Espagne, et disputa la Sicile aux Grecs. Mais les Carthaginois n'ont pas laissé de documents; les Romains, leurs vainqueurs, ont détruit tout ce qui rappelait la puissance et la civilisation de leurs ennemis acharnés. On n'a conservé que quelques récits curieux, objets de nombreux commentaires, sur leurs voyages au delà des colonnes d'Hercule. Suivant le *Périple d'Hannon*, cet amiral carthaginois, peut-être du vi^e siècle avant J.-C., se serait avancé le long des côtes de l'Afrique occidentale jusqu'à l'île de Cerné, dont il est difficile d'indiquer la position, et jusqu'au golfe de la Corne du Midi, qui est probablement le golfe de Cherbro, au S. de Sierra Leone. Un autre amiral de Carthage, Himilcon, aurait fait également un voyage célèbre jusqu'aux îles Britanniques.

§ 22. — Connaissances géographiques des Grecs.

Les *Grecs* firent avancer la science géographique et nous ont laissé des documents assez nombreux. Les récits poétiques de la navigation des Argonautes ne sont que des légendes sur les vagues connaissances des anciens Grecs au N. du Pont-Euxin et dans les contrées du bassin de l'Ister (Danube).

Avec Homère et Hésiode (xe siècle avant J.-C.) commencent pour les Grecs les temps historiques. L'Odyssée appartient surtout à la géographie légendaire; mais dans l'Iliade nous trouvons la géographie positive. Homère représente le monde comme un large disque dont un *fleuve immense* aux rives inconnues, *l'Océan,* enveloppe le pourtour extérieur. Sur ce disque s'étendent deux grandes régions, séparées par la mer; la partie septentrionale est le *Côté de la nuit;* la partie méridionale prend le nom de *Côté du jour.* Au milieu du disque sont la mer Egée et ses archipels; c'est là que s'est développé le monde grec; c'est le centre de la géographie d'Homère. Il décrit exactement les côtes de cette mer en Grèce et dans l'Asie Mineure; il a des notions vagues sur l'intérieur de cette presqu'île jusque vers le Caucase, sur la Thace au N., sur l'Italie à l'O. et sur la Trinacrie ou Sicile. Il connaît peu l'Égypte, le Nil, Thèbes, la grande ville aux cent portes. Au delà de la Sicile l'imagination du poëte se déploie, les notions positives cessent; c'est aux bords du fleuve Océan que demeurent les Cimmériens, toujours enveloppés de ténèbres; c'est là qu'est l'entrée des Champs Élyséens, séjour fortuné des bienheureux. C'est à peu près dans ces limites qu'est contenue la géographie d'Hésiode.

Avec Thalès de Milet (au VIe siècle av. J.-C) commence la période de la science géographique. Il enseignait la sphéricité de la Terre et la cause véritable des éclipses; il connaissait les tropiques, les cercles polaires, les cinq zones. Vers le même temps les connaissances positives des Grecs en géographie se multipliaient. Ils entraient en relations avec l'Égypte; les Milésiens couvraient de leurs colonies toutes les côtes du Pont-Euxin; les habitants de Théra, dans les

Cyclades, fondaient la colonie de Cyrène, sur la côte d'Afrique ; un vaisseau de Samos arrivait au détroit de Gadès ; les Phocéens fondaient Massilia (Marseille), au S. de la Gaule et s'établissaient aussi en Hispanie. D'un autre côté, l'expédition du roi de Perse, Darius, au delà de l'Ister, faisait connaître les régions occupées alors par les tribus des Scythes (aujourdhui Russie méridionale), tandis que Scylax de Caryanda auteur d'un Périple (voyage), qui est perdu, descendait l'Indus et reconnaissait la mer Erythrée (golfe d'Oman). Anaximandre de Milet fit la première carte géographique, et Hécatée de Milet, dans une carte plus complète, embrassa avec des détails positifs l'ensemble de la Méditerranée, l'Asie occidentale jusqu'à l'Indus et les pays au N. de la Grèce.

Hérodote d'Halicarnasse, au ve siècle, est géographe exact aussi bien qu'illustre historien. Il a beaucoup voyagé et il nous a laissé des notions précises sur l'Égypte, la Nubie jusqu'aux limites de l'Abyssinie actuelle ; sur la Cyrénaïque, la Libye, les oasis, les populations berbères du N. de l'Afrique jusqu'aux Syrtes (golfes de la Sidre et de Cabès). Mais il nomme à peine Carthage et ne parle pas des pays à l'O. de cette ville. Il a décrit, avec des détails auxquels on n'a rien ajouté pendant quinze siècles, la Scythie et la Sarmatie ; puis le pays des Gètes, et le bassin de l'Ister. En Asie, ses connaissances s'étendent jusqu'à l'Indus, dans l'énumération complète des vingt satrapies de l'empire des Perses sous Darius.

Il se figure la terre partagée en deux grandes divisions par le détroit de Gadès, la Méditerranée, le Phase, l'Araxe et la mer Caspienne. Au S., se trouvent l'Asie et la Libye; au N., s'étend l'Europe, aussi longue, selon lui, que l'Asie et la Libye réunies. Il se conforme à la division du monde en Europe, Asie et Libye, depuis longtemps acceptée; pour lui, l'Asie au delà de la région de l'Indus n'est plus « qu'un désert sur lequel on ne sait rien; » il ignore si l'Europe est entourée d'eau à l'orient et au nord.

Après lui, les connaissances des Grecs s'étendirent peu à peu; Ctésias donna quelques notions sur l'Inde, en y mêlant beaucoup de fables; Pythéas, célèbre voyageur de Marseille, alla jusqu'au nord de la Bretagne et parla de l'île de Thulé, dont il est difficile de préciser la position; il pénétra dans la mer Baltique, peut-être jusqu'à l'embouchure de la Düna; un autre voyageur de Marseille, Euthymène, marchant sur les traces des Carthaginois, s'avança, le long des côtes de l'Afrique, jusqu'au fleuve Chrémétès, probablement le Sénégal actuel.

La grande expédition d'Alexandre ajouta beaucoup aux connaissances des Grecs; les marches du conquérant, les *mémoires* de ses compagnons, de l'ingénieur Baeton, d'Onésicrite, le chef de ses pilotes, de son amiral Néarque, etc., donnèrent des notions précises et détaillées sur tous les pays entre la mer Égée et l'Indus, sur la Bactriane, la Sogdiane, les pays voisins de l'Imaüs, sur tout le contour de la mer Erythrée et jusque sur l'intérieur de l'Éthiopie. Mégasthène au temps de Séleucus Ier, séjourna à Patalipoutra (Palibothra) sur le Gange et écrivit les *Indiques;* sous les Ptolémées d'Égypte, des relations suivies s'éta-

SYSTÈME D'ÉRATOSTHÈNE.

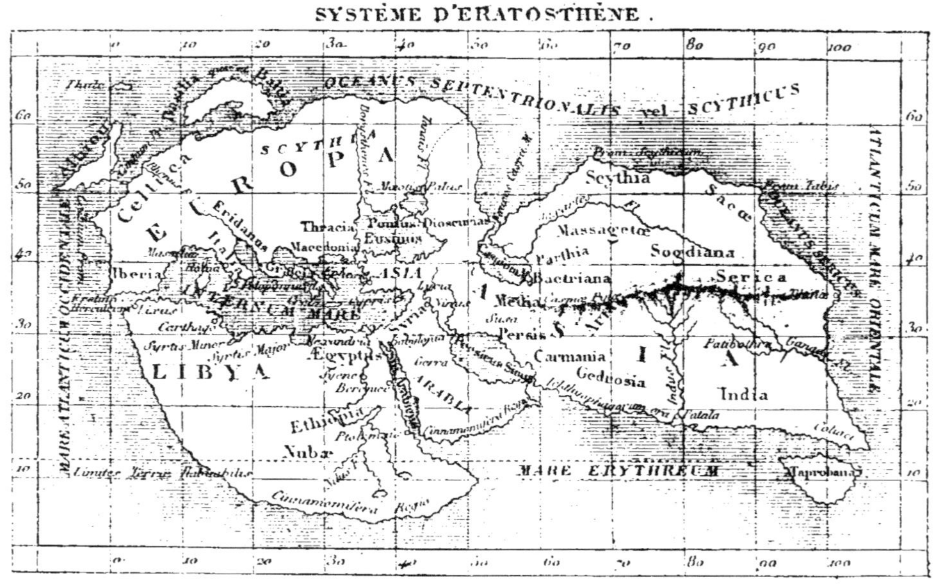

blirent par mer entre Alexandrie, les ports de la mer Rouge et l'Inde.

C'est alors, surtout dans les écoles d'Alexandrie, que la géographie mathématique fit les plus notables progrès. Eratosthènes de Cyrène, qui florissait vers 230 avant J.-C., connut mieux le Nil supérieur et pensait qu'il y avait une région tempérée, même sous l'Équateur, à cause de l'altitude des terres. Il mesura un arc de la circonférence terrestre d'Alexandrie à Syène. — Hipparque surtout, astronome à Rhodes, introduisit dans les cartes le tracé des cercles de la sphère et divisa le cercle en 360 degrés. — Au deuxième siècle avant J.-C., Eudoxe de Cyzique fit deux voyages dans l'Inde par mer, et tenta le tour de l'Afrique; mais il échoua dans un premier voyage et périt probablement dans un second.

§ 23. — CONNAISSANCES GÉOGRAPHIQUES DES ROMAINS.

Les Romains, qui héritèrent des connaissances des Grecs, devaient étendre leurs conquêtes à l'ouest et au nord de l'Europe. Au moment où leur empire avait acquis toute son étendue, Auguste fit faire la mesure générale de toutes les possessions romaines; ce grand travail dura vingt-cinq ans. Strabon, né à Amasée, ville du Pont, entreprit la description de toutes ces provinces. Il se représente le globe terrestre comme partagé en quatre segments par l'équateur et par un méridien. Deux de ces quatres segments sont au nord deux au sud de l'équateur. Un des segments du nord comprenait la partie de la terre connue des Grecs et

SYSTÈME DE STRABON.

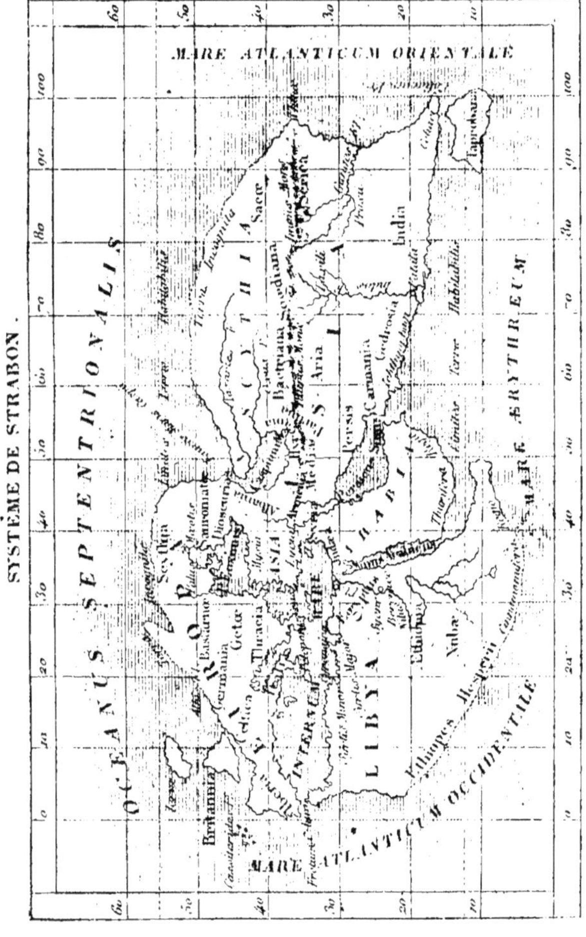

des Romains ; tout le reste du globe était inconnu.

Sa Mappemonde, qui est restée, avec peu de changements, celle de l'antiquité romaine jusqu'au ve siècle, comprend la moitié seulement de l'Europe (le sud et l'ouest) ; le sud-ouest de l'Asie entre l'Imaüs (mont Bolor ou Himalâya) et la Méditerranée, et la zone littorale de l'Afrique avec la moitié du bassin du Nil.

Après lui, Pomponius Mela, géographe exact et élégant, donna des notions plus précises sur les Orcades, les Hébrides, la Scandinavie ; nous trouvons dans Tacite des détails nombreux sur l'île de Bretagne et surtout sur la Germanie. D'un autre côté, le navigateur Hippalus reconnaissait les vents réguliers ou *moussons*, qui permirent d'aller directement des côtes d'Afrique vers l'Inde et l'île de Taprobane (Ceylan), et de revenir de l'Inde vers la mer Rouge. Néron fit explorer le bassin supérieur du Nil, et les centurions qu'il avait envoyés ne s'arrêtèrent que devant les marais, franchis seulement et avec peine par les voyageurs modernes. Un *Périple* de la mer Érythrée, composé par un marchand alexandrin du i^{er} siècle, décrit la côte orientale d'Afrique que le navigateur Diogène, poussé par les vents du nord, à la hauteur du cap des Aromates (cap Guardafui), aurait reconnue pendant vingt-cinq jours jusqu'à l'île Menuthias (aujourd'hui Zanzibar ou Pemba) ; il décrit ensuite la côte S.-O. de l'Asie, le long de la mer d'Oman, jusqu'à Muziris (peut-être Mangalore, à 70 lieues au S. de Goa). Il donne des notions moins précises, des *renseignements*, sur la côte orientale de l'Inde jusqu'au Gange ; puis il parle de Chryse (l'île d'Or), du pays des Thinæ, d'où vient la soie.

Au milieu du IIe siècle, le géographe astronome, Ptolémée de Péluse, entreprit de revoir et d'augmenter l'ouvrage de Marin de Tyr, en lui donnant des bases plus scientifiques. Des connaissances nouvelles se sont ajoutées à celles qu'avait Strabon, aux notions nombreuses que Pline le naturaliste avait compilées dans son grand ouvrage. Les extrémités de la mappemonde se sont augmentées et chargées de noms au sud-est, au sud, au sud-ouest. Il parle des îles de la Malaisie ; mais il croit qu'une grande terre (probablement Sumatra) rejoint l'Afrique, enfermant ainsi la mer Érythrée ; il donne quelques notions sur le pays des Sines (Thinæ), à l'est de l'Asie, sur la Sérique, c'est-à-dire la région de la soie: D'après Marin de Tyr, il dit que le Nil sort de lacs marécageux et de lagunes que dominent à l'E. des montagnes aux cimes neigeuses, les monts de la Lune (monts Kenia et Kilima Ndjaro?) ; des expéditions romaines au S. de la Phazanie (le Fezzan) ont fait connaître un pays montagneux appelé Agysymba (probablement l'oasis d'Azben, dans le Soudan) ; c'est le point le plus méridional atteint par les anciens dans l'Afrique centrale.

Après Ptolémée, tout progrès s'arrête ; il n'y a plus que des abréviateurs et des compilateurs.

§ 24. — CONTRÉES DE L'ASIE ANCIENNE.

Après avoir ainsi résumé les connaissances géographiques des anciens sur le monde, nous croyons utile d'ajouter quelques notions sommaires sur les pays et les villes principales du monde ancien. Nous avons donné, dans le cours de huitième, la géographie de la Palestine; le cours d'histoire de la classe de sixième commence par la *géographie sommaire de l'ancien Orient*; celui de la classe de cinquième par la *géographie de la Grèce ancienne*; celui de la classe de quatrième par la *géographie de l'Italie ancienne*. Nous devons donc nous borner ici à quelques indications de géographie comparée principalement.

ASIE. — Les anciens n'ont véritablement connu que l'Asie occidentale ou Asie antérieure jusqu'aux monts Ismaüs et jusqu'aux mont Emodes (monts Bolor et Himalàya ?); c'est ce que comprenait l'empire des Perses sous Darius ou l'empire d'Alexandre.

Les principales contrées étaient l'Asie Mineure, la Syrie, les pays du Caucase, l'Arménie, l'Assyrie, la Mésopotamie, la Babylonie, l'Arabie, la Médie, l'Hyrcanie, la Susiane, la Perse, la Parthie, l'Arie, la Carmanie, la Drangiane, l'Arachosie, la Paropamise, la Bactriane, la Sogdiane,

La presqu'île de L'ASIE MINEURE, à l'O., traversée par le Taurus et l'Anti-Taurus, arrosée surtout par l'Halys (Kizil-Ermak), comprenait: sur les bords du Pont-Euxin (mer Noire), au N., le *Pont*, dont les villes principales étaient les ports de Trapezus (Trébizonde) et de Cerasus; — la *Paphlagonie*, ville principale, Sinope; — la *Bithynie*, villes principales, Chalcédoine sur le Bosphore, Nicomédie sur la Propontide (mer de Marmara), Nicée, Prusa de l'Olympe (Brousse); — sur les bords de la mer Egée (Archipel), à l'O., la *Mysie*, où étaient les colonies Eoliennes, avec les villes de Troie

ou Ilion, non loin de l'Hellespont (détroit des Dardanelles), Cyzique et Pergame; — la *Lydie*, où étaient
les colonies ioniennes, avec les villes de Phocée, de
Smyrne, de Clazomènes, de Colophon, d'Ephèse, de
Priène, de Magnésie du Sipyle, de Magnésie du Méandre;
Sardes, sur le Pactole, fut la grande capitale de Crésus;
— *la Carie*, peuplée par des Doriens, avec les villes
de Milet, d'Halicarnasse, de Cnide. Les iles célèbres
de Lesbos, Chios, Samos, Rhodes, etc., étaient le long
de cette côte de l'O. — Au S., sur les bords de la Méditerranée, la *Lycie*, avec la ville de Patara; — la *Pam-
phylie* (à laquelle on rattacha la Pisidie et l'Isaurie),
avec les villes de Perge et de Phaselis; — *la Cilicie*,
avec les villes de Tarse, de Sélinonte, de Séleucie
Trachée, d'Issus. — Dans l'intérieur de l'Asie Mineure,
la *Phrygie*, avec la Lycaonie, dont les villes principales
furent Apamée-Cibotos, Pessinonte, Iconium, Ipsus;
— la *Galatie* ou Gallo-Grèce, villes principales, Ancyre
(Angora) et Gordium; — la *Cappadoce*, dont les villes
étaient Mazaca et Mélitène.

La SYRIE, entre la Méditerranée et l'Euphrate, au
S.-E. de l'Asie Mineure, avait pour villes principales,
Damas, la cité royale, à l'E. de l'Anti-Liban, Hamath,
Apamée, Antioche sur l'Oronte, Séleucie, Laodicée,
Heliopolis (Baalbek); Samosate et Thapsaque sur l'Eu-
phrate; Palmyre ou Tadmor, dans une oasis des déserts
de l'Arabie septentrionale. — La Syrie comprenait la
Phénicie et la Palestine; la *Phénicie*, sur la côte, entre
la mer et le Liban, avait les ports de Tripolis, Aradus,
Byblos, Béryte (Beïrouth), Sidon, Tyr, Aco ou Ptolémaïs
(Saint-Jean-d'Acre); — la *Palestine*, au S. de la Syrie,

avait pour capitale Jérusalem (Voir la géographie de la Terre Sainte, dans le cours de huitième).

L'Arménie, à l'E. de l'Asie Mineure, plateau élevé, dominé par le mont Ararat, avait pour villes principales Artaxata, Sémiramocerta sur le lac Arsissa (Van) et Tigranocerta.

L'Assyrie (Kourdistan turc), à l'E. du Tigre, fut longtemps le centre d'un puissant royaume, et renfermait Ninive sur le Tigre, Arbèles (Erbil), plus à l'E.

La Mésopotamie ou pays entre les fleuves, Tigre et Euphrate (Al-Djézireh), avait pour villes célèbres Carræ ou Harran, Nisibe et Cunaxa.

La Babylonie, dont la partie méridionale s'appelait *Chaldée* (Irak-Arabi), eut pour capitales, d'abord la célèbre Babylone, plus tard Séleucie et Ctésiphon, toutes trois sur l'Euphrate.

Ces différentes contrées font aujourd'hui partie de la Turquie asiatique.

La Colchide, sur les bords du Pont-Euxin, l'Ibérie et l'Albanie étaient des pays barbares entre l'Arménie et la chaîne du Caucase.

L'Arabie, qui ne fut conquise ni par les Perses, ni par Alexandre, et que les Romains entamèrent à peine, au S.-O. de l'Asie, était divisée par les anciens en Arabie Pétrée, Arabie Heureuse et Arabie Déserte. L'*Arabie Pétrée*, au N.-O., qui fut seule soumise par les Romains, comprenait les tribus des Madianites, des Amalécites, des Iduméens, des Moabites, des Ammonites, contre lesquels luttèrent les Hébreux. Les villes principales furent Rabbath-Ammon, Petra et Bostra. L'*Arabie Heureuse* (Yémen), au S.-O., renfermait les Sabéens, les

Homérites, les Adramites, etc. L'*Arabie Déserte* comprenait la plus grande partie de la péninsule. Macaraba (La Mecque) et Yatrippa (Yatrep ou Médine) étaient des villes importantes près du golfe Arabique.

L'empire actuel de Perse correspond aux pays jadis nommés Médie, Hyrcanie, Parthie, Susiane, Perse, Carmanie. — La MÉDIE (Irak-Adjémi), au S.-E de l'Arménie, eut pour capitale Ecbatane; — l'HYRCANIE était au S.-E. de la mer Caspienne; — la PARTHIE ou Parthyène (Khorassan), berceau de l'empire des Parthes, au S.-E. de l'Hyrcanie, eut pour ville principale Hécatompyles; — la SUSIANE (Khousistan), à l'E. de la Babylonie, avait pour capitale Suse; — la Perse (Farsistan), au S.-E. de la Susiane, eut pour villes principales Aspadana (Ispahan), Pasargada et Persepolis; — la CARMANIE (Kerman), au S.-E. de la Perse, sur le golfe Persique.

La DRANGIANE, avec la ville de Prophthasia, l'ARACHOSIE, avec la ville d'Alexandrie, la GÉDROSIE, au S., le long de la mer Erythrée, correspondent à l'Afghanistan et au Béloutchistan de nos jours; — l'ARIE, avec la ville d'Alexandrie de l'Arie, correspond au pays de Hérat.

La BACTRIANE, arrosée par l'Oxus (Amou-Daria), avec la grande ville de Bactres (Balk); la SOGDIANE, plus au N., arrosée par l'Iaxarte (Syr-Daria), avec les villes de Maracanda (Samarcande), de Cyreschata et d'Alexandreschata, le pays des PAROPAMISADES, au S.-E. de la Bactriane, correspondent au Turkestan actuel.

Les anciens ne connaissaient véritablement dans l'Inde que le bassin de l'Indus, où étaient les villes de Taxila (Attok), de Nicée et de Bucephala, fondées par Alexandre, de Patala, au commencement du delta du

4

fleuve. Ils appelaient Taprobane la grande île de Ceylan, Chersonèse d'Or la presqu'île de Malacca; ils donnaient le nom vague de Scythie aux pays situés au N. de la Sogdiane, et de Sérique ou région des Sines aux contrées orientales de l'Asie.

§ 25. — CONTRÉES DE L'AFRIQUE ANCIENNE.

L'AFRIQUE était le plus souvent appelée *Libye* par les anciens. Souvent ils rattachaient l'Égypte à l'Asie ; la Libye ne commençait qu'au Nil. Comme nous l'avons vu, ils ne connaissaient véritablement que le littoral de la Méditerranée, où étaient la Grande Syrte (golfe de la Sidre) et la Petite Syrte (golfe de Cabès),et la partie inférieure du bassin du Nil. Plusieurs pensaient que la côte orientale de l'Afrique, au delà du cap des Aromates (cap Guardafui) se recourbait vers l'E. pour aller rejoindre l'Inde au delà du Gange, enfermant ainsi complétement la mer Erythrée (Océan Indien). On croyait peu au voyage que les Phéniciens auraient fait autour de l'Afrique ; au delà du détroit de Gadès, les connaissances des anciens étaient vagues ; elles s'étendaient peut-être jusqu'au cap des Palmes, à l'entrée du golfe de Guinée. Au S. de l'Atlas, on avait quelques notions très-peu précises sur les oasis du Sahara et sur les cours d'eau, désignés un peu au hasard sous les noms de Gir et de Niger.

Voici les noms des contrées de l'Afrique ancienne, avec leurs villes principales, en allant de l'E. vers l'O.

L'ÉGYPTE, divisée en Basse-Égypte, Moyenne-Égypte

et Haute-Égypte, de la Méditerranée à Syène, était comprise dans les mêmes limites qu'aujourd'hui.

Les villes principales de la *Basse-Égypte* étaient la place forte de Péluse, Tamiathis (Damiette), Canope (Aboukir), et, depuis Alexandre, la grande ville d'Alexandrie, entre la mer et le lac Mareotis (Mariouth); puis Tanis, Bubaste, Heliopolis, dans le Delta. — Dans la *Moyenne-Égypte* ou Heptanomide (les sept nomes ou gouvernements), Memphis, Aphroditopolis, Heracleopolis magna, Hermopolis magna, Arsinoé près du lac Mœris, Heroopolis (Suez), au fond du golfe. — Dans la *Haute-Égypte* ou Thébaïde, la grande Thèbes ou Diospolis magna, This, Abydos, Tentyris (Dendérah), Coptos, Apollinopolis magna, Syène près de l'île Eléphantine; et sur la côte du golfe Arabique les deux ports de Myos-Hormos et de Bérénice.

Au S. de l'Égypte était l'ÉTHIOPIE (Æthiopia supra Ægyptum), avec le pays appelé par les anciens l'*île de Méroé*, entre le Nil Blanc, le Nil Bleu et l'Atbarah; plus au S.-E., les villes d'Adulis et d'Axum (dans l'Abyssinie actuelle).

Après la MARMARIQUE, située au N.-O. de l'Égypte, on trouvait la CYRÉNAÏQUE (aujourd'hui pays de Barcah, dans le vilayet turc de Tripoli), avec les colonies grecques de Cyrène, Chersonesus, Apollonia et Berenice. Après la région sablonneuse des Syrtes (Tripoli), où étaient l'autel des Philènes, Leptis major, Œa, on arrivait au pays de Carthage, l'AFRIQUE proprement dite des Romains (aujourd'hui régence de Tunis); les villes principales étaient : Carthage ou Karkhédon, Tunes et Aspis, dans le voisinage; Utique, au N. de l'embouchure du Bagradas (Medjerdah) ; Hippone-Zaryte (Biserte), plus à l'O. ; Zama, au S. du Bagradas ; sur la côte, Hadrumète, Leptis minor, Thapsus, les îles de Cercina et de Meninx, dans la petite Syrte. Le sud de ce pays se nommait la *Byzacène*.

La *Numidie*, dont les limites ont plus d'une fois varié, s'étendait à l'O. du pays de Carthage, sur la côte de la Méditerranée, et était souvent divisée en deux parties, les *Massyli* à l'E. (Algérie orientale), avec les villes de Cirta (Constantine), d'Hippone Royale (Bône), et les *Massæsyli*, à l'O. (Algérie centrale et occidentale), dont les Romains firent la province de Mauritanie Césarienne, avec Césarée (Alger) pour capitale.

La MAURITANIE (aujourd'hui le Maroc) commençait à la Malva ou Malua (Malouïa) ; on lui donna le nom de *Mauritanie Tingitane*, de sa capitale Tingis (Tanger), sur le détroit de Gadès, où était encore Abila, Septa (Ceuta), en face de Calpé en Espagne.

§ 26. — CONTRÉES DE L'EUROPE ANCIENNE.

Pour l'EUROPE, nous nous bornerons à indiquer les noms et la position des différentes contrées, en rappelant que la géographie de la Grèce doit être surtout étudiée dans le cours de cinquième et la géographie de l'Italie et de l'Empire Romain dans le cours de quatrième.

La GRÈCE ou HELLADE, dont les limites ont varié à différentes époques, puisqu'on y a compris la Thessalie, l'Épire et même la Macédoine, renfermait la *Thessalie*, au N.-E., entre le Pinde et la mer Égée, les monts Cambuniens et le mont Othrys ; puis l'*Épire*, pays à moitié barbare, au N.-O. Ces deux contrées font partie de la Turquie.

La GRÈCE PROPREMENT DITE, entre la Thessalie et l'Épire au N., les golfes de Corinthe et Saronique au S., renfermait, en allant de l'O. à l'E., l'*Acarnanie*, l'*Étolie*, les deux *Locrides*, la *Doride*, la *Phocide*, la *Béotie* et l'*Attique* avec la petite *Mégaride*. Au S., le PÉLOPONNÈSE (aujourd'hui Morée) comprenait six pays principaux : l'*Achaïe*, au N., sur le golfe de Corinthe, l'*Argolide*, à l'E. ; la *Laconie*, au S.-E. ; la *Messénie*, au S.-O. ; l'*Élide*, à l'O. ; et l'*Arcadie*, au centre.

La Grèce était environnée d'îles, toutes plus ou moins célèbres dans l'antiquité : Salamine (Colouri) et Égine, dans le golfe Saronique ; — Calaurie (Poros), Hydrea (Hydra), Tiparenos (Spetzia), sur la côte de l'Argolide ; — l'Eubée (Négrepont), près de l'Attique et de la Béotie ; Scyros, Scopelos, Sciathos, Halonesos, au N. de l'Eubée ; — les Cyclades, dans la mer Égée ; — les îles Ioniennes, Corcyre (Corfou), Paxos, Leucas (Sainte-Maure), Ithaque (Theaki), Cephallenia, Zacynte (Zante), dans la mer Ionienne, et Cythère (Cérigo), au S. ; — l'île de Crète (Candie), dans la Méditerranée, au S. de la mer Égée.

Au nord de la Thessalie, la MACÉDOINE s'étendait du mont Rhodope (Despoto-dagh) jusqu'à l'O. du Pinde, du mont Scardus (Tchar-dagh) jusqu'à la mer Égée, où se trouvait la presqu'île de *Chalcidique*. C'est aujourd'hui la Roumélie et une partie de l'Albanie.

La THRACE (partie orientale de la Roumélie), à l'E. de la Macédoine, allait de la mer Égée au mont Hæmus

(Balkans), sur les bords de la Propontide et du Pont-Euxin.

L'ILLYRIE, au N. de l'Épire, à l'O., de la Macédoine, comprenait la *Liburnie*, au S., et la *Dalmatie*, qui en fut séparée, au N., le long de la mer Adriatique.

La MŒSIE s'étendait entre le mont Hœmus et le Danube, du Drinus à l'O. jusqu'au Pont-Euxin à l'E. C'est aujourd'hui la Serbie et la Bulgarie. Le S.-O. formait la *Dardanie* (plateau de Mœsie).

Toutes ces contrées, depuis la Thessalie et l'Epire au S., à l'exception des côtes de la Dalmatie, font partie de l'Empire Ottoman.

L'ITALIE ancienne comprenait: 1° la GAULE CISALPINE au N , divisée en *Gaule Transpadane*, au N. du Pô, (Piémont, Milanais), *Gaule Cispadane*, au S. du Pô (Plaisance, Parme, Modène, Bologne, Ravenne), *Ligurie* (pays de Gênes) et *Vénétie*, à l'E., comprenant, outre la Vénétie, le pays des Carnes (Carniole) et la presqu'île de l'Istrie; — 2° l'ITALIE CENTRALE, comprenant l'*Ombrie*, le *Picenum*, le *Samnium*, à l'E., sur la mer Adriatique; l'*Étrurie*, le *Latium*, la *Campanie*, à l'O., sur la mer Tyrrhénienne; la *Sabine*, au N. du Latium, dans l'intérieur des terres; — 3° l'ITALIE MÉRIDIONALE ou GRANDE-GRÈCE comprenant l'*Apulie* (Pouille) et la *Messapie* ou *Calabria*, à l'E., sur la mer Adriatique et le golfe de Tarente; la *Lucanie*, du golfe de Tarente à la mer Tyrrhénienne; le *Bruttium* (presqu'île de Calabre), au S.-O.

Les îles italiennes étaient: Corsica (la Corse), Sardinia (la Sardaigne), la Sicile, et les petites îles de la mer Tyrrhénienne, Ilva (Elbe), Pontia, Pandataria, Ænaria

(Ischia), Caprée, les îles Lipari, au N.-E. de la Sicile, Ægates, à l'O., Melita (Malte), au S.

Les Romains étendirent leur domination en Europe sur la PÉNINSULE HISPANIQUE, qui comprenait la *Tarraconaise*. au N.- E., la *Gallécie* au N.-O., la *Lusitanie*, à l'E., la *Bétique*, au S., la *Carthaginoise*, à l'E., avec les îles Baléares; — sur la GAULE TRANSALPINE, divisée d'abord en *Province Romaine* ou *Narbonaise*, au S., *Aquitaine*, au S.-O., *Celtique* ou *Lyonnaise*, des Alpes à l'Océan, au centre, *Belgique*, au N., et *Germanie*, sur la rive gauche du Rhin; — sur les contrées au S. du Danube, *Rhétie* et *Vindélicie* (Suisse, Tyrol, Bavière occidentale), *Noricum* (Bavière orientale, Styrie, Carinthie), *Pannonie* (Autriche), *Savie* (Croatie-Slavonie); — sur la BRETAGNE (Angleterre et sud de l'Ecosse).

Les pays de l'Europe, plus ou moins connus des anciens, étaient : l'HIBERNIE ou IERNE (Irlande); le pays des SCOTS et des PICTES (Ecosse), la GERMANIE, du Rhin à la Vistule, du Danube à l'Océan Germanique (mer du Nord) et à l'Océan Sarmatique (mer Baltique ; le sud de la SCANDINAVIE ; la SARMATIE, à l'E., de l'Europe (Pologne et Russie). La DACIE ou pays des Daces et des Gètes, au N. du Danube (Roumanie, Bessarabie, Transylvanie, partie de la Hongrie), fut pendant près de deux siècles réunie à l'empire romain, de Trajan à Aurélien.

CHAPITRE V

Les cinq parties du monde. — ASIE: géographie physique. Configuration et dimensions. Mers, îles, caps, golfes, détroits. Chaînes de montagnes, plateaux et grandes plaines. Fleuves, rivières, lacs.

---

§ 27. — LES CINQ PARTIES DU MONDE. — LEURS RAPPORTS; LEURS DIFFÉRENCES.

Il y a *cinq parties du monde* : l'Europe, l'Asie, l'Afrique, formant l'ancien continent, étendu surtout dans le sens de la largeur, de l'E. à l'O. ; l'Amérique ou nouveau continent, qui se développe dans le sens de la longueur, du N. au S.; l'Océanie, composée d'îles dont les plus considérables sont au S.-E. de l'Asie. On pourrait même dire que l'Amérique forme deux continents, aussi séparés que l'Asie l'est de l'Afrique.

Il y a quelque symétrie entre ces 6 parties du monde, qu'on peut réunir en trois groupes distincts : les deux Amériques, rattachées par un isthme (celui de l'Amérique centrale), avec la presqu'île de Californie, à l'O. et l'archipel des Antilles, à l'E. La superficie dépasse 40 millions de kilomètres carrés. — L'Europe, probablement unie jadis à l'Afrique, avec la presqu'île Hispanique, à l'O., et l'archipel grec à l'E. La superficie de l'Europe est d'environ 10 millions de kilomètres carrés; celle de l'Afrique de 30 millions; en tout 40 millions. — L'Asie et l'Australie, avec la presqu'île de l'Arabie à l'O., l'archipel des Philippines et celui des Moluques à l'E. La superficie de l'Asie est d'environ 39 millions de kilomètres carrés; celle de l'Australie de 8 millions; en tout 47 millions.

Les trois continents du Nord offrent une grande variété de contours, de mers intérieures, d'îles, de presqu'îles; — les trois continents du Sud sont plus massifs.

Les trois continents du Sud sont terminés par trois pointes. Au reste toutes les presqu'îles de quelque importance ont leur pointe dirigée vers le S., à l'exception des presqu'îles du Jutland et du Cotentin en Europe, de l'Yucatan en Amérique. De plus, les trois continents du Nord se terminent chacun au S. par trois presqu'îles : l'Europe, par la péninsule Hispanique, l'Italie, la Grèce; — l'Asie, par l'Arabie, l'Hindoustan, l'Indo-Chine; — l'Amérique du Nord, par la Californie, l'Amérique centrale qu'on peut regarder comme une presqu'île allongée, la Floride.

Si l'on examine le relief des terres, on voit d'abord que le trait principal du relief de l'ancien monde est l'énorme élévation du sol vers l'Hindou-Kousch et l'Himalâya, à l'endroit où viennent se croiser les deux grands axes continentaux. Aux antipodes de ce point, dans le Grand Océan, on ne trouve pas d'îles, mais des abîmes profonds.

Les grandes chaînes de montagnes sont dirigées de l'O. à l'E., dans l'ancien continent, au N. du tropique du Cancer; elles sont orientées du N. au S. dans l'Amérique, l'Afrique australe, l'Australie. — Dans les deux mondes, les massifs les plus élevés sont à égale distance de l'Équateur, en sens opposé; l'Himalâya correspond aux plus hauts sommets de la chaîne des Andes.

§ 28. — ASIE : MERS QUI LA BAIGNENT; DESCRIPTION DES CÔTES.

L'ASIE est la plus vaste et la plus peuplée des cinq parties du monde; elle a été le berceau des premières civilisations et des premiers empires; elle a vu naître toutes les grandes religions. Elle comprend la partie la plus orientale de l'ancien continent.

C'est une masse compacte, de figure à peu près quadrangulaire, dont les côtés, qui regardent les quatre points cardinaux, sont dessinés très-irrégulièrement. Elle est baignée au N. par l'Océan Glacial Arctique; — à l'E., par le Grand Océan; — au S., par l'Océan Indien; — à l'O., par la Méditerranée orientale et par ses dépendances.

Elle est comprise entre 78° lat. N. et 1° 15 lat. S. (cap Bourou); entre 23° 45 long. E. (cap Baba, à l'O. de l'Asie Mineure) et 178° long. E. (cap Oriental, sur le détroit de Behring). La principale masse de l'Asie est dans la zone tempérée et dans l'hémisphère boréal. Sa longueur, du S. au N., est d'environ 7,500 kilomètres; sa largeur, sous le 40e lat. N., de l'Asie Mineure à la Corée, de 7,800 kilomètres; elle a 10,500 kilomètres de l'isthme de Suez au détroit de Behring. La superficie, avec les îles, est de 42 millions de kilomètres carrés.

L'Océan Glacial est une mer inhospitalière, presque constamment glacée, par laquelle on a vainement essayé de trouver un passage pour aller de l'Europe vers l'Asie orientale. Les côtes, presque partout inabordables, sont découpées; on y remarque les golfes de *Kara* et de l'*Obi;* les caps *Taïmour* et *Severo-Vostotchnii*, situés au N. de l'ancien continent; les *îles Liakhov* ou archipel de la Nouvelle-Sibérie, qui renferment des bois pétrifiés, des ossements fossiles d'éléphants, de mammouths, de rhinocéros, conservés sous la glace, et plus vers l'E. la *Terre Wrangel*, dont on n'a reconnu que quelques parties. Sur les côtes se trouve la région la plus désolée de la Sibérie, celle des *toundras*, déserts glacés, souvent couverts de brouillards. Au N.-E. de l'Asie, à l'extrémité d'une presqu'île désolée, s'avance le *cap Oriental*, sur le DÉTROIT DE BEHRING, à 80 kilomètres seulement de l'Amérique septentrionale. On a plusieurs fois essayé de pénétrer par ce détroit dans les régions polaires, sans pouvoir avancer beaucoup, à cause des glaces qui couvrent la mer. Il conduit de l'Océan Glacial dans le Grand Océan, qui s'étend entre l'Asie et l'Amérique, en s'élargissant de plus en plus vers le sud.

Le GRAND OCÉAN forme sur les côtes d'Asie un grand nombre de mers; d'abord la MER DE BEHRING, qui est presque fermée par la longue chaîne des *îles Aléoutiennes;* on les a comparées aux piles d'un vaste pont unissant l'Asie aux terres de l'Amérique; — puis une

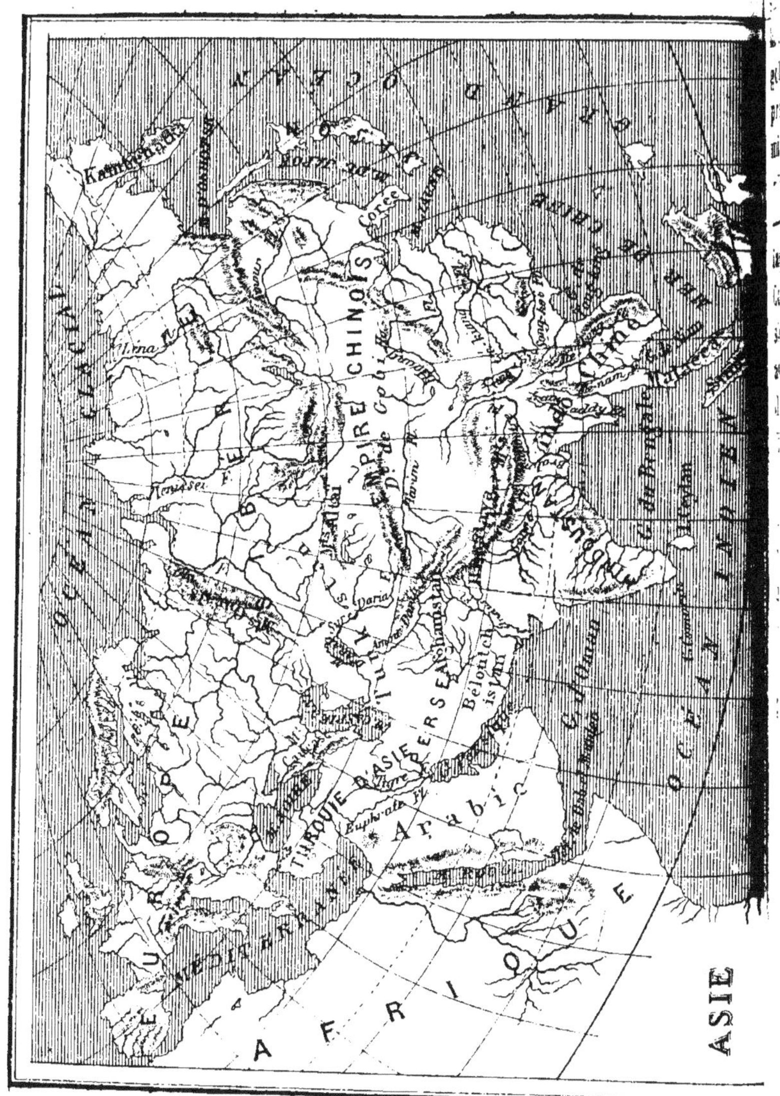
OCÉAN GLACIAL
OCÉAN GLACIAL
Kamtchatka
Mer d'Okhotsk
Corée
EMPIRE CHINOIS
D.t de Gobi
Chine
Mer de Chine
EUROPE
RUSSIE
Iéna
Ienisséi
TURQUIE D'ASIE
PERSE
Beloutchistan
Arabie
Euphrate
Tigre
MÉDITERRANÉE
G. Persique
G. d'Oman
Mer Rouge
G. du Bengale
Ceylan
OCÉAN INDIEN
AFRIQUE
ASIE

suite d'îles importantes ou de presqu'îles parallèles à la côte détermine une série de mers intérieures et de golfes : la MER D'OKHOTSK est limitée par la grande presqu'île du *Kamtchatka*, montueuse, volcanique, terminée par le cap Lopatka, puis par les petites îles *Kouriles* et la longue île de *Tarrakaï, Krafto* ou *Saghalien;* — la MER DU JAPON est limitée par les grandes îles Japonaises (Jeso, Niphon, Kiou-Siou) et la presqu'île de Corée, qui, par sa forme, sa direction et ses dimensions, rappelle la péninsule italienne ; — la MER JAUNE, avec le golfe profond de *Pe-tchi-li*, entre la presqu'île de Corée et la Chine ; — la MER BLEUE ou ORIENTALE, limitée par l'archipel moins important de Lieou-Kieou, et par la belle île chinoise de Formose ; — la MER DE LA CHINE, à l'O. des grandes îles de la Malaisie, qui renferme les îles de Formose et d'Haï-nan et forme les grands golfes de *Tong-king* et *de Siam*. De ce côté, la longue et étroite *presqu'île de Malacca*, avec les caps Bourou et Romania, en face de l'île célèbre de Singapour, termine la région asiatique.

Le *détroit de Malacca*, entre cette presqu'île et l'île malaise de Sumatra, conduit dans l'OCÉAN INDIEN. Cet océan baigne de ses eaux chaudes les trois vastes presqu'îles de l'Asie méridionale : l'Indo-Chine, l'Hindoustan, l'Arabie. Il forme entre les deux premières le grand *golfe du Bengale*, dont les côtes sont généralement basses et mauvaises, et qui renferme les petits archipels Nicobar et Andaman ; lui-même forme à l'O. de l'Indo-Chine le *golfe de Martaban*, entre la presqu'île de Malacca et la presqu'île du Pégou, que termine le cap Negrais. Le cap Comorin est à la pointe méridionale de l'Hindoustan ; la grande et belle île de Ceylan, au S.-E., est séparée du continent par le détroit de Palk et par la ligne de rochers qu'on appelle le Pont d'Adam. Le *golfe d'Oman* s'étend à l'O., entre l'Hindoustan, l'Arabie et la côte orientale de l'Afrique ; il baigne la presqu'île de Goudjérate, au N.-O. de l'Hindoustan ; forme à l'E. de l'Arabie le *golfe Persique* dans lequel on entre par le détroit d'Ormuz ; et, à l'O. de l'Arabie, *le golfe Arabique* ou *mer Rouge*, dans lequel on entre par le *golfe d'Aden* et le détroit de Bab-el-Mandeb. Ce golfe Arabique, maintenant traversé par les nombreux navires qui passent par le canal maritime de Suez, est long, resserré, entre l'Arabie et l'Afrique, bordé de chaque côté par des lignes d'îlots et de récifs, presque toujours exposé à une grande chaleur.

Les limites occidentales de l'Asie sont très-irrégulières ; après le golfe Arabique, le petit golfe de Suez, le *canal de Suez* a été creusé dans l'isthme sablonneux de ce nom, qui sépare l'Asie de l'Afrique ; on arrive alors dans la MÉDITERRANÉE ORIENTALE. Elle baigne les côtes célèbres de la Phénicie et de la vaste presqu'île de l'Asie Mineure, par laquelle l'Asie semble s'avancer vers l'Europe ; l'île de Chypre est au S.-E. de cette presqu'île ; les côtes de l'Asie Mineure sur l'*Archipel* sont très-découpées et bordées d'îles, Rhodes, Chio, Samo, Metelin, etc.

L'Asie est à peine séparée de l'Europe par les longs détroits des *Dardanelles* et du *Bosphore*, qui enferment le bassin paisible et charmant de la *mer de Marmara* ; la *mer Noire* baigne les côtes septentrionales et moins découpées de l'Asie Mineure. Puis la haute chaîne du

mont Caucase se dresse pour fermer l'isthme assez
large qui est entre la mer Noire et la mer CASPIENNE.
Cette mer, le plus grand des lacs de l'ancien continent,
touche à l'Asie et à l'Europe ; la limite de ces deux
parties du monde est ensuite imparfaitement formée
par le fleuve Oural et par la chaîne des monts Ourals,
de médiocre élévation, mais célèbre par ses mines
abondantes.

§ 29.— LES CINQ GRANDES RÉGIONS DE L'ASIE. — LES
PRINCIPALES CHAINES DE MONTAGNES. — LES FLEUVES
CONSIDÉRABLES.

On peut distinguer en Asie plusieurs grandes régions .
1° LE PLATEAU CENTRAL est entouré de hautes montagnes, comme les *monts Altaï*, dont les mines sont
très-riches, les monts *Sayansk* et *Kenteï*, au N.; — les
monts *Ching-ngan* et les chaînes confuses et encore
mal connues de la Chine occidentale, à l'E., dont
la principale s'appelle *Yün-ling*, jusque vers les
monts *Lang-tan* au S.-E. ; — au S., la chaîne énorme de
l'HIMALAYA, qui renferme les plus hauts sommets du
globe, le Gaurisankàr, élevé de 8,840 mètres, le Kint-
chin-Djounga de 8,590 mètres, le Dhavala-Giri de 8,200
mètres, etc. ; la chaîne décrit un grand arc de cercle de
2,250 kilomètres de longueur, s'élevant brusquement,
au-dessus des plaines de l'Hindoustan, en montagnes
arrondies, coupées en tous sens par d'étroites vallées,
avec des gorges profondes et tortueuses, offrant des
paysages grandioses, mais monotones; — à l'O. du
plateau s'élèvent les monts *Bolor* ou *Belour* et la

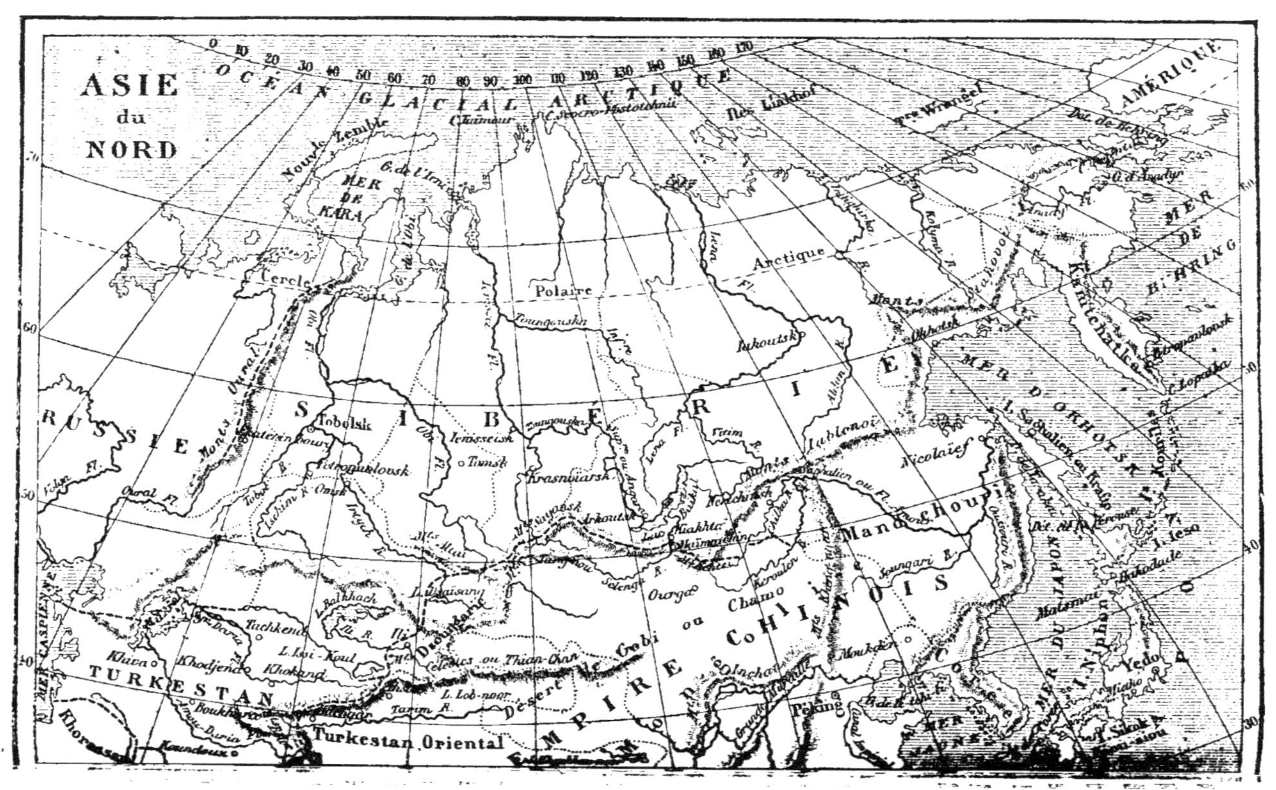

ASIE du NORD
OCÉAN GLACIAL ARCTIQUE
AMÉRIQUE
Nouvelle Zemble
MER DE KARA
G. de l'Ienissei
Cercle
Polaire
Arctique
Iles Liakhof
Dt. de Behring
MER DE BEHRING
Kamtchatka
Petropaulovsk
C. Lopatka
MER D'OKHOTSK
I. Saghalien ou Krafo
Iukoutsk
Toungouska
Monts
Okhotsk
SIBÉRIE
Tobolsk
Iénisseisk
Tomsk
Krasnoiarsk
Iablonoï
Nicolaief
Mandchou
RUSSIE
Monts Ural
Ekaterinbourg
Petropaulovsk
Oural Fl.
Obi Fl.
Ichim R.
Omsk
Mts Altaï
Sayansk
Irkoutsk
Kiakhta
Maimatchin
Selenga R.
Ourga
Chamo ou Gobi
EMPIRE CHINOIS
Balkhach
Lac Saisang
Iil
Djoungarie
Célestes ou Thian-Chan
Désert de Gobi
Pao
TURKESTAN
Tachkend
Khodjend
Khokand
L. Issi-Koul
L. Lob-noor
Tarim R.
Koldja
Khiva
Khorassan
Boukhara
Amou-Daria
Turkestan Oriental
Koundouz
MER CASPIENNE
Aral Fl.
Peking
Yedo
JAPON
I. Iesa
MER DU JAPON
0 10 20 30 40 50 60 70 80 90 100 110 120 130 140 150 160 170
60
50
40
30

chaîne de l'*Ala-tau*. Le plateau est lui-même traversé par de hautes chaînes, à peu près parallèles, dans la direction de l'O. à l'E. : les *monts Karakoroum*, où l'on trouve beaucoup de pics neigeux de 6,000 à 8,600 mètres, avec de vastes glaciers; — les *monts Kouen-Loun*, plus au N., qui plongent par une pente d'une prodigieuse raideur sur les plaines du Turkestan et de l'Asie centrale; — les *monts Célestes* ou *Thian-Chân*.

Cette région renferme le plateau montueux du Thibet, au S., haut de 3,600 à 4,500 mètres ; — le plateau de Mongolie, à l'E., haut de 1,000 mètres ; — les vastes plaines du Turkestan oriental, à l'O. ; — le désert de Gobi ou Schamo, au centre, mer de sable, longue de plus de 2,000 kilomètres , où la végétation manque presque complétement, où l'hiver est long et froid.

Le plateau n'a que des cours d'eau intérieurs peu considérables; le plus important est le *Tarim*, formé lui-même de plusieurs rivières assez belles, qui finit dans le lac Lop-Noor, long de 100 kilomètres ; — dans le plateau de Mongolie, à l'E., le plus grand lac est le *Khou-khou-noor*. — C'est la région des pâturages et des peuples nomades, qui plus d'une fois, sous les noms de Scythes, de Huns, de Tartares, de Mongols, se sont jetés, en dévastateurs terribles, sur les contrées plus riches de l'Asie et même de l'Europe.

2° LA RÉGION SIBÉRIENNE, au N. du Plateau Central, est une vaste plaine, qui descend jusqu'à l'Océan Glacial, sans accidents de terrain. Elle est limitée au S.-E. par les monts *Jablonoï* et *Stanovoï*, auxquels se rattache la chaîne volcanique du Kamtchatka; au S.-O. par des collines à peine sensibles qui unissent les monts Altaï aux monts Ourals. Les Russes sont maîtres de la Sibérie, dont le climat est presque partout très-rigoureux ; car la Sibérie n'est réchauffée par aucun vent, elle est exposée sans protection aux vents du N. et du N.-E., et le vent du S. lui-même n'arrive dans ses plaines désolées que refroidi par son passage sur les montagnes et les terres élevées du Plateau Central. Aussi l'hiver dure dix mois ; la terre est presque constamment gelée et le thermomètre descend à — 54° à Yakoutsk. — Cette plaine immense est arrosée par de grands fleuves, longs et larges, aux eaux paresseuses, qui servent peu aux communications dans un pays peu habité et qui ne conduisent que dans une mer glacée; ils débordent sur de vastes étendues, mais sont très-poissonneux. Les principaux sont de l'O. à l'E. l'*Obi*, qui a 3,000 kil. de cours et finit par un vaste estuaire; l'*Iénisséï*, qui vient de la Mongolie et a un cours de 3,600 kil.; la *Léna* ou paresseuse, qui a 3,800 kil.; l'*Indighirka* et la *Kolyma*, qui sont moins considérables.

La Sibérie, surtout dans sa partie méridionale, renferme des lacs nombreux; les principaux sont : le lac *Balkhach*, long de 530 kil., et large de 85, à l'O. de l'Ala-tau ; l'eau est claire, mais salée; il reçoit plusieurs rivières, entre autres l'*Ili*, qui vient des monts Thiàn-Chân ; — le *Baïkal*, le plus beau lac de la Sibérie, a la forme d'un croissant allongé, du S.-O. au N.-E.; sa longueur est de 850 kil.; sa largeur varie de 50 à 100 ; il est aussi étendu que la Suisse. Il est entouré de montagnes volcaniques; les bords sont escarpés et pittoresques. L'eau est très-pure et douce; il est glacé pendant cinq mois; il reçoit la *Haute-Angara* et la *Sé-lenga;* l'*Angara supérieure*, grand affluent de l'Iénis-séi, en sort.

3° LA RÉGION DU GRAND OCÉAN, à l'E., est l'une des plus riches et des plus peuplées du monde. Elle est accidentée par les montagnes de la Chine (Pe-ling, Nan-ling, Yün-ling), par les chaînes longitudinales de l'Indo-Chine, par une chaîne qui suit la côte depuis les monts Stanovoï jusqu'au S. de la Corée, et par les montagnes du Japon. Elle est arrosée par de grands fleuves : l'*Amoûr* ou *Saghalien*, formé par la Schilka et par l'Argoun, qui viennent des monts Kenteï. Ce beau fleuve se jette dans le détroit de Tarrakaï, après un cours de 3,200 kil., presque partout navigable; il reçoit de nombreux affluents, coule entre des montagnes boisées et des prairies étendues; il est très-poissonneux, et les Russes, qui possèdent ses rives, commencent à les exploiter et à les coloniser; — le *Hoang-Ho* ou *Fleuve Jaune*, qui doit son nom à la couleur de ses eaux abondantes, vient de la Mongolie du Khou-khou-noor, a un cours rapide de 3,500 kil., des rives plates qu'il inonde souvent; son delta est considérable, il finit dans la mer Orientale; — le *Yang-tsé-Kiang* ou *Ta-Kiang*, le grand fleuve, le fleuve bleu des Européens, aux eaux jaunes et bourbeuses, vient des monts Kouen-Loun, a un cours de 4,200 kil. et finit, non loin du Hoang-Ho, dans la mer Orientale. Il est large, profond, poissonneux, couvert de barques, de jonques, et ouvert aux Européens; c'est l'artère principale du commerce intérieur de la Chine; — le *Si-Kiang*, beaucoup moins considérable, se jette dans le golfe de Canton ; — le *Song-Koï* coule dans le Tong-King, et paraît offrir de grandes facilités pour pénétrer dans les provinces du S.-O. de la Chine ; — le *Mé-Kong* ou *rivière de Cambodge*, long de plus de 3,500 kil., vient de la Chine et arrose l'Indo-Chine du N. au S. ; il n'est pas malheureusement navigable pour les bateaux à vapeur dans la plus grande partie de son cours, parce qu'il forme de nombreux rapides ; son delta, large de 120 kil., avec ses bras nombreux et ses canaux ou *arroyos*, couvre la plus grande partie de la Cochinchine française ; — le *Me-nam*, moins étendu, mais large et profond, se jette au fond du golfe de Siam.

La Chine renferme des lacs nombreux, tous très-poissonneux, mais d'une étendue médiocre, comme le *Thoung-ting*, le *Poyang*, etc.; dans l'Indo-Chine, le lac *Talé-Sap* reçoit le trop plein des eaux du Mé-Kong, pendant la saison des pluies.

La région du Grand Océan comprend une partie continentale : les nouvelles possessions russes de l'Amoûr; la Chine et ses dépendances, Mandchourie et Corée, l'Est de l'Indo-Chine; — et une partie insulaire : Tarrakaï, les Kouriles, le Japon, l'archipel de Lieou-Kieou, Formose, Haïnan. — Le climat varie suivant les latitudes; encore froid au N., il est de plus en plus chaud à mesure qu'on avance vers l'équateur. Cependant le climat de la Chine est chaud en été, froid en hiver, bien plus que dans les pays de l'Europe, à latitudes égales; cela tient aux vents du N. et à l'influence des courants froids, qui descendent le long de ses côtes, du N. vers le S. Le climat du Japon, entouré par la mer et réchauffé par le grand courant d'eau tiède, qu'on nomme le *Kuro-Sivo*, est plus doux dans sa partie méridionale et rappelle celui de l'Italie.

4° LA RÉGION MÉRIDIONALE, baignée par l'Océan Indien, comprend l'Indo-Chine occidentale, la presqu'île de l'Hindoustan, les côtes du Béloutchistan, de la Perse méridionale et de l'Arabie.

L'Indo-Chine est arrosée surtout par deux grands fleuves, le *Salouen* et l'*Iraouaddy*, qui finit par un vaste delta marécageux dans la presqu'île de Pégou.—Les *monts Vindhya*, les *Ghâts de Coromandel* à l'E., les *Ghâts de Malabar* à l'O., de hauteur médiocre, forment les trois côtés du vaste plateau du Dekkan, situé dans l'Hindoustan au S. des bassins du Brahmapoutra et du Gange ; le *Godavéry*, la *Kistnah*, le *Cauvéry*, le *Tapty*, la *Nerbuddah* arrosent le Dekkan. Le *Brahmapoutra*, qui vient du Thibet sous le nom de Dzang-bo, traverse rapidement des gorges profondes entre l'Himalâya et les monts Lang-tan ; ses inondations sont prodigieuses ; plusieurs de ses bras se mêlent aux eaux du Gange. — Le *Gange*, le fleuve sacré par excellence des Hindous, descend de l'Himalâya au N.-O. de l'Hindoustan, traverse la grande et fertile plaine du nord et forme un vaste delta de 280 kil. de base, couvert de marécages pestilentiels, de jungles, repaires des tigres, berceau du choléra asiatique. Le Gange a 2,400 kil. de longueur ; navigable dans presque tout son cours, il reçoit de nombreux affluents et déborde chaque année ; son bras principal à l'O. est le *Hougly*, qui passe à Calcutta ; — le *Sind* ou *Indus* arrose le N.-O. de l'Hindoustan ; il vient du plateau du Thibet, traverse des gorges difficiles à l'O. de l'Himalàya, débouche dans de vastes plaines, où il reçoit des affluents considérables, qui ont fait donner au pays le nom de Pendjab (les cinq rivières); puis coule vers le S., dans une région presque déserte et finit dans le golfe d'Oman par un delta de 180 kil. de base. Il a 3,000 kil. de cours. — L'Hindoustan est, comme la Chine, l'un des pays les plus peuplés et les plus riches du monde. Il est situé dans la zone torride; aussi la chaleur y est grande, mais tempérée dans plusieurs endroits par l'altitude du sol ou par les brises de la mer. Les Anglais sont maîtres de presque tous les pays baignés par l'Océan Indien et de presque toutes les bonnes positions maritimes. — L'Arabie, qu'on peut réunir également à l'Asie occidentale, se rapproche plus encore de l'Afrique, dont elle n'est séparée que par un étroit canal, et qu'elle rappelle par sa configuration géographique, son climat, ses productions.

5° La région de l'Asie occidentale ou Antérieure, à l'O. du Plateau Central, la seule qui ait été véritablement connue des peuples de l'Europe avant les grandes découvertes des temps modernes, est très-diverse de configuration et de climat. Elle se compose de plateaux élevés, de plaines plus basses, avec des montagnes qui gênent les communications, sans être des barrières infranchissables. La vaste PLAINE DU TURKESTAN OCCIDENTAL, à l'O. des monts Bolor et du plateau de Pamir, semble se confondre, vers le N., avec la Sibérie; vers l'O., avec la Russie d'Europe. La mer Caspienne et la mer ou lac d'Aral sont au fond de ce vaste bassin intérieur. — *Le lac d'Aral* est cent fois plus étendu que le lac de Genève, mais il n'en a pas les beautés ; les eaux en sont de plus en plus saumâtres ; elles gèlent en hiver. Il est peu profond, mais son niveau est plus élevé que celui de la mer Caspienne ; il diminue progressivement à cause de la vaporisation, aussi il y a sur ses bords de vastes marécages, couverts d'énormes roseaux. La mer d'Aral reçoit deux fleuves célèbres : au N. le *Syr-Daria*, *Sihoun* (l'Iaxartes des anciens), d'abord torrent des montagnes, traverse du S.-E. au N.-O. des steppes salins, aux rives basses et plates ; la navigation est difficile à cause des bas-fonds et des sinuosités de son cours de 1,600 kil. ; — au S., l'*Amou-Daria*, *Djihoun* (l'Oxus des anciens), vient du plateau de Bolor, décrit un arc de cercle étendu d'abord dans ce pays montueux, puis dans de vastes déserts. Il se jetait autrefois dans la mer Caspienne plus au S. ; il finit maintenant dans la mer d'Aral par un delta marécageux, où est le pays de Khiva.

Le PLATEAU DE L'IRAN ou de la Perse, au S. du Turkestan, est une sorte de quadrilatère, entouré de montagnes : au N., l'*Hindou-Kousch* se rattache à l'extrémité S.-O. du Plateau Central, au nœud remarquable qu'il forme avec l'Himalâya, le Bolor et la chaîne de Karakoroum ; il a des sommets de 5 à 6,000 mètres, des vallées fertiles et de beaux pâturages ; puis en allant vers l'O., on trouve les *monts du Khorassan*, les *monts Elbourz*, au S. de la mer Caspienne ; au N.-O., les *monts d'Arménie*, où le massif de l'*Ararat* s'élève à 5,155 mètres ; à l'O., les *monts du Kourdistan*, etc. Ce plateau n'est arrosé que par des cours d'eau intérieurs peu considérables, comme l'*Helmend*, qui finit

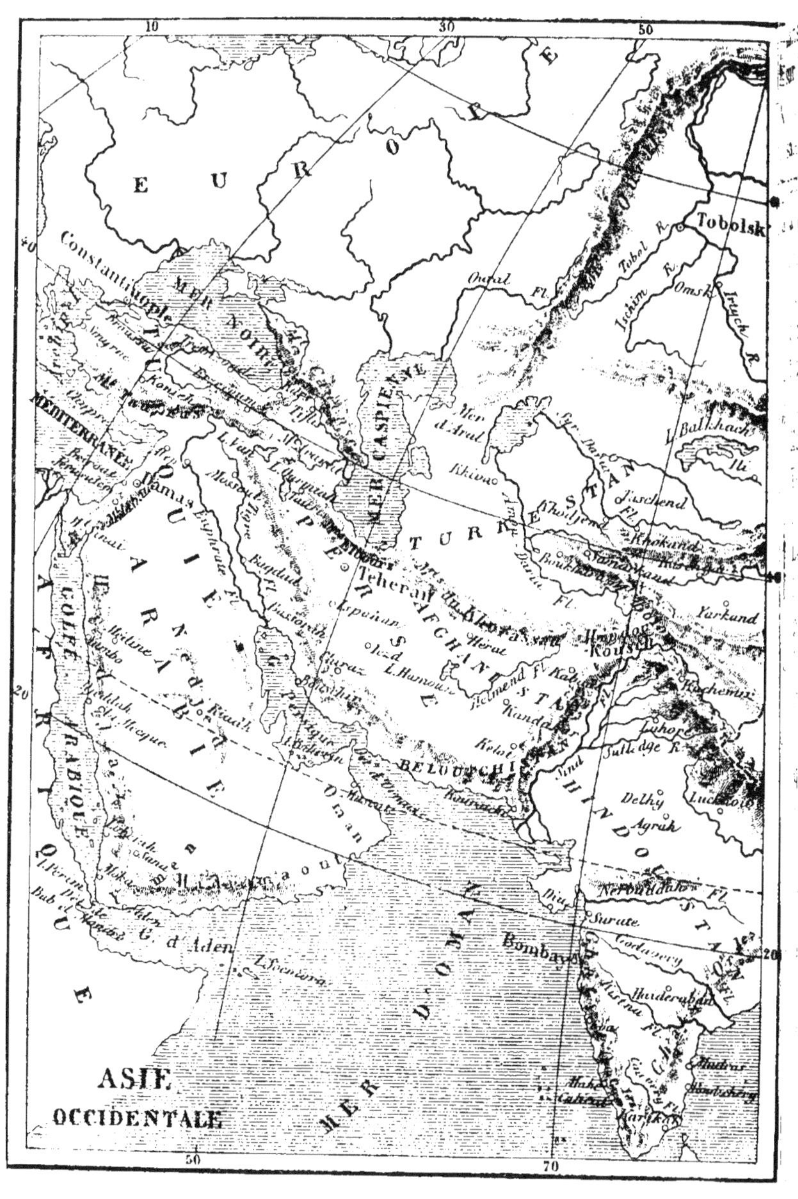
EUROPE
MER NOIRE
MER CASPIENNE
MER MÉDITERRANÉE
Constantinople
Smyrne
TURQUIE
PERSE
Teheran
Ispahan
Chiraz
ARABIE
Médine
La Mecque
Riadh
G. PERSIQUE
GOLFE ARABIQUE
MER ROUGE
G. d'Aden
Aden
Bab el Mandeb
L. d'Aral
TURKESTAN
Khiva
Khorassan
Herat
AFGHANISTAN
Kandahar
Kelat
BELOUTCHISTAN
Oman
Mascate
Mer d'Aral
Boukhara
Samarkand
Khokand
Yarkand
Hindou Koush
Cachemir
Lahore
Sind
Delhy
Agrah
HINDOUSTAN
Nerbuddah Fl.
Diu
Surate
Bombay
Godavery
Hyderabad
Madras
Mahé
Calicut
MER D'OMAN
Oural Fl.
Tobol R.
Tobolsk
Ichim R.
Omsk
Irtych R.
L. Balkhach
Ili
Iaschend
Oxus Fl.
Kaboul
ASIE
OCCIDENTALE

dans le vaste marécage, appelé *lac Hamoun* ; au N.-O.,
sur les limites du plateau d'Arménie, sont le *lac d'Our-
miah*, long de 120 kil., aux eaux bitumineuses et
salées, qui dépend de la Perse, et le *lac Van* , aux
eaux alcalines, qui a 200 kil. de tour et dépend de
la Turquie. — Le plateau renferme la Perse, qui en
occupe les deux tiers, mais a de grands déserts ;
l'Afghanistan, terre plus élevée au N.-E., le Béloutchistan , au S.-E.; par l'oasis de Hérat, au N., le plateau se relie aux plaines sablonneuses du Turkestan.

A l'O. de l'Iran s'abaisse la plaine célèbre de la
MÉSOPOTAMIE et de la BABYLONIE, arrosée par le
Tigre et l'Euphrate, qui se réunissent dans le Chott-el-
Arab, dont le golfe Persique semble le prolongement.
Le *Tigre* ou *Didjle* (la Flèche) coule rapidement vers
le S.-E., entre des rives escarpées et boisées ; il est
peu navigable et a 1,300 kil. de cours; l'*Euphrate*,
à l'O., descend également du plateau d'Arménie, a un
lit large et profond, est plus navigable et se réunit au
Tigre, à Kornah ; il a 2,000 kil. de cours. Les pays
que ces fleuves arrosent font partie de la Turquie
d'Asie.

Le PLATEAU d'ARMÉNIE se relie d'une part, à l'O., au
plateau de l'Asie Mineure ; et, de l'autre, par la *chaîne
de l'Amanus* et par les deux chaînes parallèles du
Liban et de l'*Anti-Liban*, au plateau de Palestine,
au S.-O. — Le plateau d'Asie Mineure forme la presqu'île la plus occidentale de l'Asie, la plus rappro-
chée de l'Europe, traversée en tous sens par le *Taurus*,
l'*Anti-Taurus* et leurs ramifications, comme l'*Ardjich-
dagh*, colossale montagne volcanique, haute de plus

de 4,000 mètres. Le fleuve le plus considérable est le *Kizil-Ermak* (ancien Halys), au cours tortueux, qui finit dans la mer Noire. — Le *Liban*, non loin de la Méditerranée, long de 130 kil., large de 25 à 30, a des sommets arrondis de 3,000 mètres ; il s'élève en terrasses, plantées d'oliviers, de mûriers, de vignes, etc. L'*Anti-Liban*, moins haut, lui est parallèle; le versant oriental, qui domine la plaine sablonneuse de Syrie, est escarpé et fertile. — Au S., le plateau de Palestine, haut de 800 mètres environ, est un pays accidenté, d'un aspect sévère, avec quelques collines célèbres dans l'histoire, les monts Thabor, Gelboé, Carmel. A l'E., dans une profonde fissure coule le torrent du *Jourdain*, qui forme le petit *lac Houlé*, puis le *lac de Tibériade* ou de *Génézareth*, aux eaux limpides, et se précipite par 27 chutes vers la *mer Morte* ou *lac Asphaltite*. Ce lac, situé à 394 mètres au-dessous du niveau de la Méditerranée, a 80 kil. de longueur, ur 20 à 24 de largeur. Ses eaux, lourdes et épaisses, contiennent beaucoup d'asphalte ; elles ont, dans certains endroits, 350 à 400 mètres de profondeur.

Enfin, au N. du plateau d'Arménie, sont les possessions russes du Causase, entre la mer Caspienne et la mer Noire, arrosées par le *Kour* à l'E., par le *Phase* à l'O. Tous les pays à l'O. du plateau de l'Iran font partie de l'empire des Turcs Ottomans.

CHAPITRE VI.

ASIE. — Énumération des États et de leurs capitales ; villes importantes et grands ports de commerce. — Possessions des Européens.

§ 30.— ÉTATS DE L'ASIE ; VILLES PRINCIPALES. — DANS L'ASIE OCCIDENTALE : TURQUIE D'ASIE ; — ARABIE ; — PERSE ; — AFGHANISTAN ; — BÉLOUTCHISTAN ; — TURKESTAN.

Les États de l'Asie sont :

1° Les États de l'Asie occidentale, qui ont été, à toutes les époques, plus ou moins en rapport avec l'Europe :

La TURQUIE D'ASIE, partie considérable de l'empire Ottoman, dont la population est évaluée à plus de 13 millions d'habitants, Turcs, Turcomans, Kourdes, Grecs, Arméniens, Juifs, etc. Elle renferme quatre parties distinctes : la presqu'île de l'*Asie Mineure* ou de l'*Anatolie* (le Levant), dont les villes principales sont : Trébizonde, port de la mer Noire, entrepôt d'un commerce considérable ; Smyrne, sur l'Archipel, le plus important des ports qu'on appelle les Échelles du Levant ; Broussa, Angora, Konieh et Kaisarieh, villes importantes de l'intérieur ; — l'*Arménie turque*, au N.-E., avec les villes d'Erzeroum et de Kars ; — la *Mésopotamie* ou bassin du Tigre et de l'Euphrate, qui renferme le *Kourdistan*, à l'E., avec les villes de Diarbékir et de Mossoul sur le Tigre ; l'*Al-Djézireh*, avec la ville d'Orfa ; l'*Irak-Arabi*, avec les villes de Bagdad, l'ancienne capitale des khalifes, et de Bassorah, encore villes de commerce, jadis plus florissantes ; — la *Syrie*, à l'E. de la Méditerranée, qui comprend la Phénicie et la Palestine, avec le bon port de Beïrouth, grand entrepôt de commerce, les villes célèbres de Damas, d'Alep et de Jérusalem.

L'ARABIE, vaste presqu'île quadrangulaire, au S.-O. de l'Asie, renferme au centre, dans le *Nedjed*, un plateau assez élevé, coupé de chaînes transversales, avec des vallées fertiles, habité par des tribus de la secte des Wahabites, dont la capitale est Riadh ; il est entouré d'un cercle de déserts sablonneux ou pierreux, séparés du littoral par des montagnes, généralement basses et stériles. A l'O., le long de la mer Rouge, on trouve l'*Hedjaz*, région montueuse et peu fertile, où sont les deux villes saintes de l'Islamisme, La Mecque et Médine, avec le port de Djeddah ; au S.-O., l'*Yémen*, aux vallées plus fertiles, a les villes de Sana, de Hodeïdah, de Moka, et le port d'Aden, forte position maritime occupée par les Anglais ; au S.-E., dans l'*Oman*, est un État assez considérable, soumis à l'iman de Mascate, dont la capitale, Mascate, est un port assez commerçant. L'Arabie, cinq fois plus étendue que la France, a, dit-on, 7 à 8 millions d'habitants, pour la plupart musulmans.

Le plateau de l'Iran, entre la **Turquie** et l'Inde, renferme des États, dont les limites ont souvent varié : le ROYAUME DE PERSE, à l'O., a environ trois fois la superficie de la France, mais tout au plus 7 millions d'habitants. La capitale, séjour du souverain ou Shah de Perse, est Téhéran; les villes importantes sont : Ispahan, Hamadan, Tauris ou Tebriz, au N.-O., la place la plus considérable par son commerce et par sa population; Chiràz, dans une vallée célèbre du S.-O.; Meschod, ville sainte du Khorassan; Bender-Bouchir, port de commerce assez actif, sur le golfe Persique. — L'AFGHANISTAN, au N.-E., est occupé par des tribus de montagnards belliqueux au nombre de 4 à 5 millions; les villes principales sont Kaboul et Kandahar, qui font assez de commerce. Les Afghans paraissent avoir soumis le HÉRAT, oasis fertile, presque toujours disputé par les Persans et les maîtres de Kaboul, à cause de la magnifique position commerciale de Hérat. — Le BÉLOUTCHISTAN, au S.-E., le long du golfe d'Oman, est un pays de montagnes et de déserts, avec quelques vallées fertiles. Les chefs des tribus, dont le principal est le khan de Kélat, ont reconnu la suprématie des Anglais; la plupart des habitants de ces pays sont musulmans.

Le TURKESTAN OCCIDENTAL, au N. du plateau de l'Iran, est de plus en plus soumis à la domination des Russes. Après avoir réduit en provinces les pays occupés au N. par les hordes des Kirghiz ou Kaisaks, ils se sont avancés dans les plaines du Turkestan, ont conquis le khanat de Khokand, soumis à une étroite vassalité le khan de Khiva, et ont pénétré, en vainqueurs, à travers la Boukharie, dans la vallée de l'Amou-Daria. *Le Khan de Boukhara*, qui prend le titre d'Emir-al-Moumenin (commandeur des croyants), domine encore au S.-E., mais est forcé de subir de plus en plus l'influence russe. Les villes principales sont : Boukhara, ville sainte des musulmans, grand marché de l'Asie centrale ; Samarcand, jadis bien célèbre, dans la riche vallée du Kohik ; Khiva ; puis dans le Turkestan russe, Khokand, Khodjend, Tachkend, villes assez importantes au N.-E.

§ 31. — ÉTATS DE L'ASIE; VILLES PRINCIPALES. — DANS L'ASIE ORIENTALE ET CENTRALE : CHINE ; — KASCHGARIE ; — JAPON ; — ÉTATS DE L'INDO-CHINE.

2° Les États de l'Asie centrale et orientale, habités par des peuples de race jaune, ont une civilisation qui s'est longtemps développée en dehors de l'influence des peuples de l'Europe. Ce sont l'empire de la Chine, le Japon et les États de l'Indo-Chine.

L'EMPIRE DE LA CHINE comprend la plus grande partie du versant oriental de l'Asie et le Plateau Central. Il a, dit-on, 11 millions de kilomètres carrés et plus de 500 millions d'habitants. La capitale est Pé-king. Il se compose de deux parties distinctes :

La *Chine proprement dite*, à l'E., divisée en dix-huit grandes provinces, subdivisées en départements, arrondissements. cantons, dont six sont maritimes, six touchent aux frontières de terre, six sont intérieures, est le pays le plus peuplé du monde et celui qui renferme le plus de grandes villes : Pé-king, la capitale au N.; Tsi-nan, près du Hoang-Ho, dans la province très-fertile de Chan-toung; Nan-king, sur le Yang-tsé-Kiang, la seconde ville de la Chine par son commerce et son industrie; Shang-Haï, le port ouvert aux Européens, qui fait le plus de commerce maritime; Hang-tcheou, Ning-po, Fou-tcheou, Amoy, grandes villes de commerce; Canton, plus au S., toujours importante, quoique déchue, etc., etc. L'intérieur de la Chine renferme également des cités considérables, comme Wou-tchang, Han-kao et Han-yang, qui se touchent sur le Yang-tsé-Kiang.

Les pays tributaires de la Chine sont :

Le *royaume de Corée*, au N.-E., presqu'île longue de 900 kilomètres, aux côtes d'un accès difficile, couverte de montagnes boisées; la capitale est Hân-Yang ou Kjong;

La *Mandchourie*, au N., deux fois plus grande que la France, et peuplée de 3 millions de Tatars Mandchoux, encore nomades et guerriers, qui ont conquis la Chine au XVIIe siècle; la capitale est Moukden;

Les *pays des Mongols* occupent la plus grande partie du Plateau Central, à l'O. de la Chine. Les Mongols ou Tatars, maintenant paisibles, ne comptant pas plus de 2 millions d'âmes, entourent de leurs nombreuses tribus le vaste désert de Gobi, surtout au S.-E. dans la *Charra-Mongolie*; au S., dans le *Khou-khou-noor*; au N., dans le *pays des Khalkas*. Ils ont adopté le bouddhisme et reconnaissent pour chef suprême le Guison-Tamba, qui réside à Ourga;

Le *Thibet*, au S.-O., est peuplé de 6 millions d'habitants, divisés en un grand nombre de tribus. Le sou-

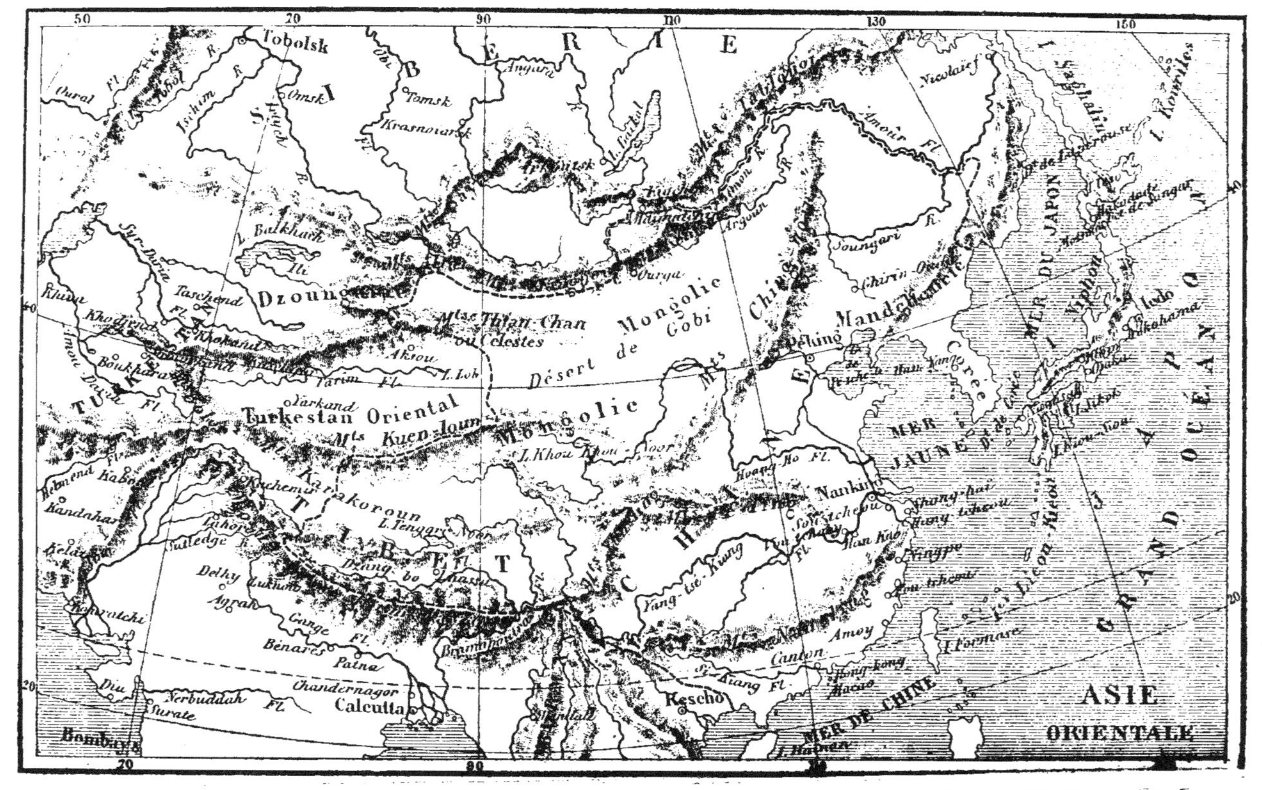

ASIE ORIENTALE
SIBÉRIE
Tobolsk
Oural Fl.
Tobol R.
Ischim R.
Irtych R.
Omsk
Obi
Tomsk
Krasnoiarsk
Angara
L. Baïkal
Irkoutsk
Amour Fl.
Argoun
Nicolaief
I. Saghalien
I. Kouriles
MER DU JAPON
I. Niphon
Soungari R.
Chirin
Mandchourie
Syr-Daria
L. Balkhach
Ili
Taschend
Dzoungarie
Mts Thian Chan ou Célestes
Désert de Gobi
Mongolie
Chine
Péking
Mongolie
Khiva
Khokand
Boukharie
Amou Daria Fl.
Tarim Fl.
Akçou
L. Loh
Yarkand
Turkestan Oriental
Mts Kuen-loun
L. Khou Khou-noor
Corée
MER JAUNE
GRAND OCÉAN
JAPON
Hébmend
Kaboul
Karakoroun
Kachemir
Kandahar
TIBET
Dzang-bo
Lhassa
L. Tengary Nor
Hoang-Ho Fl.
Nankin
Sou-tcheou
Yang-tse-Kiang Fl.
Han Kao
CHINE
Ning-po
Chang-hai
Chang-tcheou
Belat
Lahore
Sutledge R.
Delhy Lukno
Agrah
Gange Fl.
Bénarès
Patna
Brahmapoutre
Amoy
Canton
I. Formose
Diu
Surate
Nerbuddah Fl.
Chandernagor
Calcutta
Si-Kiang Fl.
Hong-kong
Macao
Kescho
MER DE CHINE
I. Haïnan
Bombay
ASIE ORIENTALE

verain spirituel, le Dalaï-Lama, incarnation de Bouddha, réside près de la ville sainte de Ll'lassa ;

La *Dzoungarie*, au N. des monts Célestes, habitée par des Dzoungares de race mongole et par des Bouroutes de race turque, n'appartient que nominalement à la Chine ; les Russes se sont emparés de presque tout le pays ;

Le *Turkestan oriental*, qu'on pourrait désormais séparer de l'empire Chinois, au S. des monts Célestes, à l'O. du désert de Gobi, s'est récemment rendu indépendant de la Chine. C'est un pays fertile, mais peu cultivé, et il a toujours été une grande voie de commerce dans l'Asie centrale. Il forme maintenant l'*État de Kaschgarie*, avec les villes de Kaschgar, Aksou, Yarkand et Khotan.

L'EMPIRE DU JAPON, à l'E. de l'Asie, est un État tout insulaire, qui comprend, outre un grand nombre de petites îles, quatre îles considérables : Ieso, au N., longue de 600 kil.; Niphon ou Nipon, longue de 1,400 kil.; Sikok et Kiou-Siou. Les côtes sont découpées ; les îles sont traversées par des montagnes qui renferment de nombreux volcans, comme le Fousi-Yama, dans Niphon, haut de 3,729 mètres.

Les Japonais, de race mongole, intelligents, civilisés, font de louables efforts pour s'initier aux arts et aux sciences des Européens. La population est de 33 millions d'habitants ; depuis la chute du taïkoun, qui s'était emparé du pouvoir temporel, le mikado, représentant des dieux, est le seul souverain. Les villes principales sont : les deux capitales, Kioto ou Miako et Yedo, dans l'île de Niphon ; Yokohama et la grande ville commerçante d'Oasaka; puis, dans Ieso, Matsmaï et Hakodadé, et dans Kiou-Siou, Nagasaki, où pendant longtemps les Hollandais seuls ont pu faire le commerce au Japon.

Les États de la vaste presqu'île de l'Indo-Chine, au S.-E. de l'Asie, sont :

L'EMPIRE D'ANNAM, à l'E., sur la mer de la Chine ; il comprend plusieurs parties, comme le *Tony-king*, au N., presque indépendant, capitale Ke-tcho ; et la *Cochinchine*, au S., où est la capitale de l'empire, Hué.— La *Cochinchine française*, dont la capitale est Saïgon, en a été démembrée récemment, ainsi que le royaume de Cambodge, capitale Pnom-penh, qui s'est placé sous le protectorat de la France.

Le ROYAUME DE SIAM ou DES THAÏ, à l'O., peuplé de 6 millions d'habitants, a quelque civilisation, surtout dans la vallée du Mé-nam ; la capitale, Bangkok, est une grande ville de commerce de 500,000 habitants.

L'EMPIRE DES BIRMANS ou BARMA, au N.-O. de l'Indo-Chine, peuplé de 5 à 6 millions d'habitants, a perdu toutes ses provinces maritimes que les Anglais lui ont enlevées. La capitale est Mandalaï, près de l'Iraouaddy.

§ 32.— POSSESSIONS DES EUROPÉENS EN ASIE : — POSSESSIONS DES RUSSES AU SUD DU CAUCASE, DANS LE TURKESTAN, EN SIBÉRIE.

Deux peuples européens ont d'immenses possessions en Asie, les Russes et les Anglais, et on peut prévoir qu'un jour leur rivalité menaçante pourra amener de sérieuses complications.

Les Russes, depuis longtemps maîtres des vastes plaines de la Sibérie, ont étendu récemment leurs possessions, au S.-E., dans le bassin de l'Amour; au S., dans la Mongolie et la Dzoungarie; au S.-O., dans le Turkestan. Ils ont, de plus, les provinces transcaucasiennes, jusqu'aux frontières de la Turquie d'Asie et de la Perse. Ces possessions réunies ont plus de 16 millions de kil. carrés.

Les PROVINCES TRANSCAUCASIENNES, avec les villes de Tiflis, Erivan, Bakou, etc., sont rattachées par les Russes à leurs pays d'Europe.

Dans la SIBÉRIE proprement dite, qui s'étend des monts Ourals au Grand Océan, et qui est divisée en provinces et en gouvernements, les villes principales sont : Omsk, siége du gouverneur général; Tobolsk, Tomsk, Sémipalatinsk; Irkoutsk, près du lac Baïkal, entrepôt du commerce des fourrures et du commerce avec la Chine; Kiakhta, par où passent les caravanes venant de ce pays; Nikolaïef, près de l'embouchure de l'Amour.

L'ASIE CENTRALE, qui chaque jour s'agrandit aux dépens du Turkestan et de la Chine, est divisée en provinces déjà nombreuses, dont les villes principales sont : Khodjend, Tchemkend, Tachkend, Turkestan, Samarcande même, qui a reçu une garnison russe, et Kouldja ou Ili, dans la province de Tarbagataï, formée de la Dzoungarie chinoise.

§ 33. — POSSESSIONS DES ANGLAIS EN ASIE : — L'HIN-
DOUSTAN.

Les Anglais dominent dans l'Asie méridionale, bai-

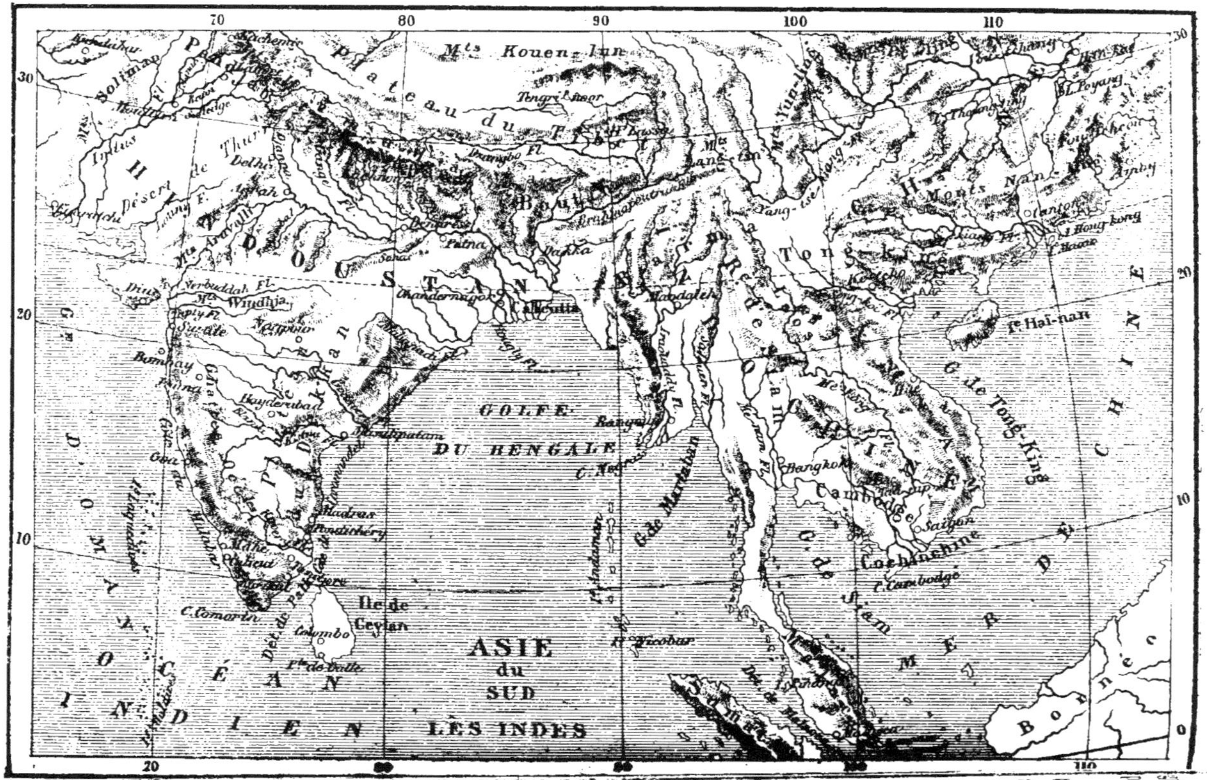

ASIE
du
SUD
LES INDES
GOLFE
DU BENGALE
OCÉAN INDIEN
MER DE CHINE
Mts Kouen-lun
Plateau du Tibet
HINDOUSTAN
Mts Nan-ling
G. de Tong-King
G. de Siam
G. de Martaban
Ile de Ceylan
Colombo
C. Comorin
Bombay
Madras
Pondichéry
Patna
Dakka
Rangoun
Bangkok
Cambodge
Saïgon
Cochinchine
C. Cambodge
Ile Haï-nan
Hong-kong
Canton
Mandaleh
Delhi
Surate
Haiderabad
Lahore
Tengri-noor
L. Poyang
Bornéo

gnée par l'Océan Indien. Le centre de leurs vastes possessions est l'HINDOUSTAN.

La plus grande partie de la presqu'ile relève directement, depuis 1858, de la couronne d'Angleterre, qui a remplacé la célèbre compagnie des Indes, et la reine d'Angleterre a été récemment proclamée *impératrice des Indes*. Le vice roi, gouverneur général, réside à Calcutta.

Les possessions anglaises se divisent en provinces directement administrées par les Anglais, et en États protégés, qui ont pour chefs des princes indiens, conservant les apparences du pouvoir, mais en réalité soumis à la domination britannique.

Les villes principales sont : 1° dans la *Présidence du Bengale* (Bengale, Behar, Orissa, Assam, Indo-Chine anglaise), Calcutta, à 160 kilomètres de l'embouchure de l'Hougly, grande place de commerce de 900,000 habitants ; Mourchidabad, plus haut sur l'Hougly ; Patna, Dakka, grandes villes de commerce ; — 2° dans la *Vice-présidence des provinces du Nord-Ouest*, Bénarès, sur le Gange, ville sacrée et savante des Hindous ; Allahabad, très-forte citadelle ; Cawnpour, sur le Gange, principale station militaire ; Agrah, l'ancienne capitale des empereurs afghans ; Delhi, grande ville d'industrie, ancienne capitale des empereurs mongols ; Bareily, importante station militaire ; — 3° dans la *Vice-présidence du Pendjab* (ancien royaume de Lahore), Lahore, Amretsir, Moultan, villes considérables de commerce et d'industrie ; Peschawer, forte citadelle ; — 4° dans la *Vice-présidence d'Aoude*, la grande ville de Lucknow ; — 5° dans le *Haut-Commissariat des*

6

provinces du Centre, Nagpour ; — 6° dans la *Présidence de Bombay*, à l'O., Bombay, grand port fortifié dans une petite île, qui fait surtout un commerce considérable avec l'Europe ; 650,000 habitants ; Pounah, ancienne capitale des belliqueux Mahrattes ; le port de Surate ; Ahmedabad, près du golfe de Cambaye ; Kouratchi, bon entrepôt de commerce, à l'O. du delta du Sind ; — 7° dans la *Présidence de Madras*, à l'E., Madras, grand arsenal, avec 400,000 habitants ; Masulipatam ; Tandjore, ville savante et sacrée de l'Inde méridionale ; Calicut, bon port de commerce, au S.-O., sur la côte de Malabar.

Parmi les villes des *États protégés* on doit citer : Haïderabad, dans l'État du Nizam, au centre du Dekkan ; Gouàlior et Oudjéïn, dans les États sauvages du Bundelkand ; Baroda, grande capitale de l'État de Guicowar, au N.-O. ; Bangalore, dans le Maïssour ou Mysore, au S. du Dekkan ; au N.-O. de l'Hindoustan, dans l'Himalàya, le pays de Kachemir, dont la capitale Kachemir ou Serinagor est célèbre par son industrie des châles.

Les Anglais possèdent encore, au S.-E. de l'Hindoustan, la grande *île de Ceylan*, peuplée de 2,500,000 habitants, avec sa capitale Colombo et Pointe-de-Galle, station importante des paquebots à vapeur. — Les deux archipels de petites îles, les *Laquedives* et les *Maldives*, au S.-O. de l'Hindoustan, relèvent des Anglais.

Deux États seulement sont encore indépendants, au N., au pied de l'Himalàya, le NÉPAUL, peuplé de 2 millions d'habitants ; capitale Katmandou ; — et le BHO-

TAN, à l'E., dont la ville principale est Pounakha.

Les Anglais ont étendu leur domination sur la plus grande partie maritime de l'Indo-Chine occidentale. L'INDO-CHINE ANGLAISE, qui dépend de la Présidence de Calcutta, a pour villes principales : Rangoun, sur un des bras de l'Iraouaddy et Maulmeïn. — Le *gou-vernement des Détroits* comprend : l'île du Prince-de-Galles, au N. du détroit de Malacca, avec le bon port de Georgetown ; — le territoire de Wellesley et la ville de Malacca ; — le port florissant de Singapour, dans l'île de ce nom, au S. de la presqu'île de Malacca. Les îles Andaman et Nicobar relèvent des Anglais.

Ils ont encore occupé des positions fort importantes au point de vue du commerce et de la marine sur les côtes d'Asie : à l'E., l'île de *Hong-kong*, près du littoral chinois, dont la capitale, Victoria, fait un commerce considérable et a 70,000 habitants ; — à l'O., l'*île de Kischm*, qui domine le détroit d'Ormuz et l'entrée du golfe Persique ; — le port fortifié d'*Aden*, au S.-O. de l'Arabie, et l'île de *Périm*, qui domine le détroit de Bab-el-Mandeb et le golfe Arabique.

Plus de 200 millions d'individus sont directement ou indirectement soumis à l'Angleterre en Asie.

§ 34. — POSSESSIONS DES FRANÇAIS ET DES PORTUGAIS EN ASIE.

Les Français et les Portugais ont aussi des possessions en Asie, mais elles sont bien moins considérables.

Les Français ont conservé dans l'Hindoustan cinq

petits territoires, peuplés de 250,000 habitants. *Pondi-chéry*, la capitale, au S. de Madras, a une mauvaise rade ; *Karikal*, plus au S., fait un commerce assez actif ; *Yanaon* est au N. de Pondichéry ; *Mahé* est sur la côte de Malabar ; enfin *Chandernagor*, à 35 kilomètres N. de Calcutta, est écrasé par la grande supériorité de cette ville.

La COCHINCHINE FRANÇAISE, enlevée aux Annamites, est à proprement parler le vaste delta du Mé-kong, terre basse, marécageuse, peu saine pour les Européens, mais fertile et dans une belle position maritime. Elle est peuplée de 1,300,000 habitants et divisée en six provinces. La capitale, Saïgon, sur une large rivière, à 70 kilomètres de la mer, est un port de commerce important.

Nous avons dit que le royaume de Cambodge, peuplé de 900,000 habitants, s'est placé sous le protectorat de la France.

Les Portugais, jadis si puissants dans l'Inde, n'ont plus que quelques territoires sur la côte de l'O., peuplés de 550,000 habitants. Les villes sont : *Villa-Nova-de-Goa*, la capitale, *Diu*, *Damaoun*.

Ils possèdent, depuis le XVIe siècle, sur la côte méridionale de la Chine, la petite île et le port de *Macao*, bien éclipsé par le voisinage de Hong-Kong.

§ 35.— PRINCIPAUX OBJETS D'ÉCHANGE AVEC L'EUROPE.
— PRINCIPALES ROUTES DE COMMERCE.

La région Sibérienne, à cause de son climat généralement rigoureux, de ses habitants clair-semés sur des espaces immenses, ne peut offrir que peu d'objets d'échange au commerce européen. De nombreux animaux sauvages sont poursuivis pour leurs fourrures, hémiones, zibelines, renards noirs et argentés, renards bleus, hermines, martres, loutres, écureuils, castors, blaireaux, lemmings, ours, etc. C'est surtout dans le nord-est qu'on trouve les fourrures les plus précieuses; c'est avec des fourrures que les indigènes payent l'impôt. Irkoutsk, sur l'Angara, est le principal entrepôt de ce commerce, ainsi que Iakoutsk, sur la Léna. On exploite de véritables mines d'ivoire fossile sur les côtes de l'Océan Glacial et dans la Nouvelle-Sibérie.

La Sibérie possède, surtout dans les montagnes du S. et de l'O., de grandes richesses minérales : or, argent, platine, cuivre, fer, plomb, houille, pierres précieuses, malachite, jaspe, sel, etc.

La Sibérie n'a véritablement qu'une grande route de commerce, celle qui relie la Chine à l'Europe; elle commence à Kiakhta, en face de la ville chinoise de Maï-maï-tchin; c'est là que se font les échanges entre les marchands chinois et russes; c'est par là que passent les caisses de thé, *dit de la caravane;* le commerce, qu'on évaluait à 100 millions de francs, paraît avoir beaucoup diminué. De Kiakhta la route se dirige vers le lac Baïkal, qu'on traverse souvent sur la glace, puis vers Tobolsk, Irbit, au pied de l'Oural, où se tient une foire assez importante, ou Orenbourg et Iekaterinenbourg, pour gagner de là Nijni-Novgorod en Russie.

La région orientale comprend l'empire Chinois, le Japon, l'est de l'Indo-Chine; c'est l'une des régions les plus peuplées du monde et aussi l'une des plus fertiles. — Le commerce intérieur de la Chine est assurément très-considérable; il y a peu de routes; il se fait principalement par les fleuves et par les canaux, toujours couverts de jonques.

Le commerce extérieur par terre est peu important; les principales routes, suivies par les caravanes, sont celles qui conduisent de Péking vers Kiakhta, à travers la Mongolie; — du Thibet, par les provinces occidentales de Kan-sou et de Ssé-tchouan; — de la Birmanie, par le Yunnan. Le commerce extérieur maritime se fait par les 16 ports, que les traités de 1842, 1858 et 1860 ont ouverts aux navires des nations civilisées; il est en grande partie entre les mains des Anglais, et les deux principaux centres sont l'île de Hong-kong et le port de Shang-Haï.

Il consiste surtout : pour l'importation, en opium venant de l'Inde, sucre, cotonnades, lainages, riz, métaux bruts ou travaillés, etc. ; — pour l'exportation, en thé, soie et soieries, papier, tabac, coton, suifs, rhubarbe, porcelaine, étoffes de Nankin, etc. Le commerce des pays tributaires de la Chine sur le Plateau Central est naturellement peu considérable; cependant, les routes qui conduisent de la Chine occidentale vers le Turkestan sont encore assez fréquentées; Yarkand et Kaschgar, dans le Turkestan oriental; Khokand, Taschkend, Boukhara, dans le Turkestan occidental, sont toujours des villes de commerce assez importantes; les Russes sont en partie maîtres de ces marchés et possèdent les débouchés qu'ils ont vers l'Europe; c'est vers Orenbourg, sur les limites de l'Europe

et de l'Asie, que semble aboutir presque tout le commerce de cette partie de l'Asie intérieure.

Le Japon a d'assez grandes richesses minérales ; la
terre est partout cultivée avec ardeur et produit du
riz très-estimé, des céréales, des légumes, du thé, du
coton, de l'indigo, du chanvre, des fruits de toutes
sortes. L'industrie est développée ; on fabrique de très-
riches soieries, des laques, des porcelaines d'une
qualité supérieure, des armes, des bronzes. — Le
commerce extérieur est naturellement tout maritime ;
longtemps les Hollandais seuls avaient quelques rapports commerciaux avec le Japon dans l'ilot de De-
sima, près du port de Nagasaki. Depuis 1859, des
traités, conclus avec les différentes puissances, ont
ouvert au commerce étranger les ports de Nagasaki,
de Hiogo, près de la grande ville d'Oasaka et de la capitale même Kioto, Yokohama près de Iedo, Hakodadé,
au S. de Iéso. On exporte surtout pour l'Europe et les
États-Unis du thé, de la cire végétale, de la soie, des
noix de galle, du camphre, de la porcelaine, etc. ; et
pour la Chine, des poissons secs, des herbes marines
qui servent de nourriture, du tabac, du ginseng, espèce de panacée dont les Chinois font une grande consommation.

Des paquebots à vapeur unissent maintenant le
Japon à la Chine, à l'Inde, aux contrées de l'Occident,
tandis qu'une autre ligne le relie à la Californie.

L'Indo-Chine orientale, c'est-à-dire l'empire d'Annam, la Cochinchine française, le royaume de Siam,
produit du riz en abondance, de la canne à sucre, du
bétel, du poivre excellent, du camphre, des arbres à

gomme (benjoin, gomme laque, etc.), des bois de teinture, de l'indigo, des bois de teck très-durs et très-résistants, des bambous, dont on se sert pour faire des meubles, des cordages, des paniers, des chapeaux, des maisons, des vêtements, et dont les jeunes pousses sont même un aliment. On exporte l'étain de la presqu'île de Malacca. Les principales villes de commerce sont Bangkok et Saïgon.

L'Hindoustan et l'Indo-Chine occidentale, de l'embouchure de l'Indus à l'île de Singapour, au sud de la presqu'île de Malacca, sont des pays riches en productions des tropiques. Ici, dans le haut bassin de l'Indus (Pendjab, Cachemire), on cultive les céréales, le lin, l'oranger, l'indigotier, à côté des pâturages qui nourrissent les chèvres au précieux duvet dont on fait des châles ; là, dans la vallée du Gange, poussent en abondance, avec le froment, le maïs et surtout le riz, le pavot blanc dont on extrait l'opium, l'indigo, qui prospère surtout dans le Bengale, le coton qui croît dans toute l'Inde ; le colza, le sésame, le ricin, le lin, le chanvre, dont on fait de l'huile ; le bétel, que les Hindous mâchent avec passion ; le safran, les plantes tinctoriales ; le mûrier, le thé, dont on multiplie les plantations ; diverses gommes et résines, le caoutchouc, le gutta-percha, le jute, dont on fait des étoffes communes ; dans la région du Dekkan, ce sont les mêmes productions et surtout le riz, le coton, la canne à sucre, le thé, le poivre, différentes espèces d'épices, etc.; il en est de même de l'Indo-Chine anglaise.

Depuis quelques années, les Anglais, maîtres de ces

riches contrées, ont multiplié les moyens de communication, routes, canaux, chemins de fer, et, en facilitant le commerce intérieur, ont considérablement stimulé la production. Le commerce par terre avec les pays voisins est peu considérable ; le commerce important est celui qui se fait par mer. Aussi les ports sont-ils nombreux : dans le golfe d'Oman, Kuratchi, près du delta de l'Indus, Diu et Damaun (aux Portugais), Cambaye et Surate, Bombay, le port le plus riche de l'Asie ; Goa (aux Portugais) ; Mangalore, Mahé (à la France), Cochin, Travancore, Calicut, etc.; dans l'île de Ceylan, Colombo et Pointe-de-Galle ; dans le golfe du Bengale, Tuticorin, Karikal et Pondichéry (à la France) ; la grande place de Madras, malgré la difficulté de ses abords ; Mazulipatam, Yanaon (à la France) ; Calcutta, sur l'Hougly, le débouché de toute la vallée du Gange, dont le commerce est immense ; Chandernagor (à la France) ; puis, dans l'Indo-Chine, Akyab, Bassein et Rangoun, qui exportent beaucoup de riz ; le port excellent de Georgetown dans l'île de Poulo-Pinang ; Malacca et le port de Singapour, qui domine la route de la Chine et du Japon, en face des grandes îles de la Malaisie.

Le commerce de cabotage, c'est-à-dire d'un port de l'Inde à un autre port de l'Inde, a considérablement augmenté dans ces derniers temps ; le commerce avec les mers d'Orient et celui de l'Océan Indien sont considérables. Mais le commerce avec l'Europe et les États-Unis est déjà grand et destiné à prendre de plus vastes proportions. Il est surtout entre les mains des Anglais. L'exportation consiste principalement en coton, indigo, riz, graine de lin, jute, laine, cuirs, salpêtre, sucre, soie, café, graines oléagineuses, etc. Il se fait soit par le cap de Bonne-Espérance, soit par la mer Rouge et le canal de Suez ; des services de paquebots sont organisés, de Liverpool et de Marseille surtout, par Suez, Aden, vers Bombay, Pointe-de-Galle, Calcutta, Singapour, etc. De Marseille à Bombay, par le cap de Bonne-Espérance, la distance dépasse 23,000 kilomètres ; elle n'est que de 9,500 kilomètres par le canal de Suez.

L'Asie antérieure ou occidentale comprend le Béloutchistan et l'Afghanistan, pays qui font peu de commerce et ont peu de rapports avec l'Europe ; le Turkestan, de plus en plus envahi par les Russes, par où passent encore les caravanes, transportant péniblement les produits qu'échangent l'Orient et l'Occident ; la Perse, l'Arabie et les provinces asiatiques de l'empire Ottoman.

Si Boukhara, Khokand, Khodjend, Taschkend font encore le commerce de l'Asie intérieure, n'oublions pas la belle position de Hérat, maintenant au pouvoir des Afghans, qui aujourd'hui, comme toujours, est un centre commercial assez important.

La Perse, à demi-civilisée, a des rapports plus réguliers avec l'Europe. Elle exporte de la soie écrue, du coton écru, du tabac, de l'opium, de la noix de galle, de la laine, des fourrures, de la garance, des fruits secs, des châles, des calicots grossiers, des tapis, des armes blanches, des moutons, des chevaux qui servent notamment à la remonte de l'armée des Indes, etc. Le commerce avec l'Europe se fait par Tauris et Trébizonde sur la mer Noire; par Tauris et Tiflis, par les ports de la mer Caspienne, avec la Russie; par les ports du golfe Persique, Bender-Bouchir et Bender-Abassi; avec l'Orient, par Mesched et Hérat.

Le commerce de l'Arabie est peu considérable; il se fait à l'intérieur par les caravanes, qui traversent les déserts d'oasis en oasis, grâce aux chameaux et aux dromadaires, qu'on trouve dans toutes les parties de l'Asie antérieure. Les perles des îles Bahrein, dans le golfe Persique, la myrrhe, l'encens, le café des régions de l'Oman et de l'Yémen donnent lieu à quelque commerce par les ports de Mascate et surtout d'Aden, qui est aux Anglais. Djeddah, sur la mer Rouge, a quelque importance à cause du voisinage de La Mecque et parce que la plupart des pèlerins musulmans y débarquent. Les caravanes de l'Arabie se dirigent encore, comme dans les temps anciens, vers les ports de la Syrie sur la Méditerranée.

La Turquie d'Asie, à cause de sa position entre l'Europe et l'Asie centrale, fait un commerce qui ne laisse pas d'être assez important et qui dépasse 500 millions de francs. Les Européens viennent trafiquer dans les ports de l'Ouest; les caravanes transportent les marchandises à travers le continent. Les ports de la Méditerranée, de l'Archipel et de la mer Noire sont appelés les *Échelles du Levant*, probablement parce que les navires, suivant les côtes, s'arrêtent, *font escale* dans ces ports; ils sont desservis par des lignes régulières de paquebots français, anglais, autrichiens et russes; les principaux sont depuis la frontière d'Égypte, à l'entrée du canal de Suez, Caïffa, Beyrouth, la grande place de commerce de la côte phénicienne, Tripoli, Alexandrette, Scala-Nova, Smyrne, le premier port de la Turquie d'Asie, Scutari en face de Constantinople, Sinope, Trébizonde, Batoum.

Les routes de terre suivies par les caravanes sont les mêmes depuis les temps les plus anciens; elles sont généralement mauvaises, aussi les transports sont-ils pénibles, lents, dispendieux. Les principales sont celles qui des différentes parties de l'Arabie et de l'Irak-Arabi se dirigent, à travers le désert, vers les places importantes de la Syrie, Damas, Homs, Alep, pour rejoindre de là les ports de la côte ; — les routes qui conduisent de la Perse, mais surtout des bords de l'Euphrate et du Tigre, de l'Arménie, à travers l'Asie Mineure, vers Smyrne principalement, par Kaisarieh, Konieh, Kara-Hissar ; — les routes du Nord qui viennent de la Perse et de l'Asie centrale par Tauris, pour conduire vers Tiflis, Erzeroum, Bayezid et Trébizonde; c'est l'une des plus fréquentées.

Les principaux objets d'échange que la Turquie d'Asie offre à l'Europe sont : des peaux et des laines, des soies du Ghilan (province de Perse), du coton, le cuivre des mines d'Asie Mineure, la garance, la vallonée, qui sert à la teinture; les figues, les raisins secs, l'opium, des graines oléagineuses, de la cire, des éponges pêchées sur les côtes de l'Archipel, du tabac (de Latakieh, en Syrie), des tapis, etc.

CHAPITRE VII

AFRIQUE. — Géographie physique.

§ 36. — AFRIQUE. — SES BORNES. — RAISONS GÉO-
GRAPHIQUES QUI ONT RETARDÉ LA CONNAISSANCE DE
L'AFRIQUE.

L'Afrique est trois fois plus grande que l'Europe,
dont elle est séparée au N. par la Méditerranée et le
détroit de Gibraltar ; elle est moins étendue que l'Asie,
à laquelle elle était rattachée par l'isthme sablonneux
de Suez ; depuis l'ouverture du grand canal maritime,
long de 160 kilomètres, c'est une île véritable, entre
l'Océan Atlantique à l'O. et l'Océan Indien à l'E. L'A-
frique a 7,500 kilomètres depuis le *cap Blanc* au N.,
jusqu'aux *caps des Aiguilles* et *de Bonne-Espérance* au
S. ; elle a 7,000 kilomètres de largeur, depuis le *cap
Vert* à l'O., jusqu'au *cap Guardafui* à l'E. Elle est à
peu près coupée par l'Équateur ; la plus grande moitié
est dans l'hémisphère boréal. Sa superficie est d'environ 30,000,000 de kilomètres carrés ; on ne peut
dire exactement quelle est sa population : on l'évalue
de 130 à 150 millions d'habitants ; ce qui est beaucoup.

L'Afrique n'est pas encore complétement explorée ;

les anciens ne connaissaient que la partie septentrionale baignée par la Méditerranée; les Portugais, depuis le voyage célèbre de Vasco de Gama, en 1497,
puis les navigateurs des autres peuples, en découvrirent tous les rivages; mais c'est seulement au
XIXe siècle que d'intrépides voyageurs ont pénétré, au
prix des plus grandes souffrances, dans les différentes
parties intérieures de ce continent. Leurs efforts ont été
couronnés de succès, quoiqu'il y ait encore à découvrir; mais les régions de l'Afrique restées en blanc
sur nos cartes diminuent chaque jour, et déjà une
vaste société européenne se forme, sous d'illustres pa-
tronages, pour achever la reconnaissance de l'Afrique
et conquérir ses populations à la liberté et à la civilisation.

Si l'Afrique a été pendant si longtemps fermée aux
investigations du génie européen, cela tient à bien
des causes, mais surtout à la nature de sa géographie
physique.

§ 37. — GÉOGRAPHIE PHYSIQUE DE L'AFRIQUE. — MERS,
RIVAGES.

C'est une masse compacte, entourée par des mers
orageuses et redoutables dans le voisinage des côtes.
Les caps assez nombreux ressemblent presque tous à
des écueils dangereux et ne sont pas, comme dans
beaucoup d'autres régions, les extrémités de longues
presqu'îles, si favorables aux communications. Entre
ces caps s'étendent des rivages rocailleux et inabordables, comme ceux du Sahara, si féconds en naufra-

ges ; bas et sablonneux, comme ceux de la Méditerranée orientale ; bas, marécageux et malsains comme ceux de la plus grande partie de l'Afrique, à l'exception des côtes de la région de l'Atlas, au N.-O., et des colonies anglaises du Cap et de Natal, au S. — Ces rivages, fort peu découpés, ont peu de golfes véritables : au N., les golfes de *la Sidre* et de *Cabès*, sur la Méditerranée, sont encore évités par les navigateurs ; à l'O., l'immense golfe de *Guinée* est plutôt une mer ouverte, où de longs calmes tiennent les navires enchaînés sous un ciel brûlant et orageux ; à l'E., le *golfe d'Aden*, aux rives inhospitalières, donne entrée à la *mer Rouge*, par le détroit de *Bab-el-Mandeb*, que les Arabes appellent la *Porte de la Mort* ; et le *golfe Arabique* lui-même, si allongé entre l'Afrique et l'Arabie, est bordé d'écueils des deux côtés, presque sans ports, exposé à une chaleur étouffante. — L'Afrique n'a pas autour de ses rivages ces îles nombreuses qui partout ailleurs favorisent le commerce et les relations des peuples entre eux. — Les côtes, d'un abord difficile, sont presque partout malsaines, à cause du mélange de la chaleur et de l'humidité, principes de fièvres qui sont souvent mortelles. — Enfin, les fleuves, relativement peu nombreux, n'offrent pas de routes faciles pour pénétrer dans l'intérieur des terres.

§ 38. — FLEUVES DE L'AFRIQUE ; LEURS CARACTÈRES. — MONTAGNES.

En effet, les plus grands fleuves, le *Nil*, qui se jette dans la Méditerranée, au N.-E. ; le *Djoliba, Kouarra* ou

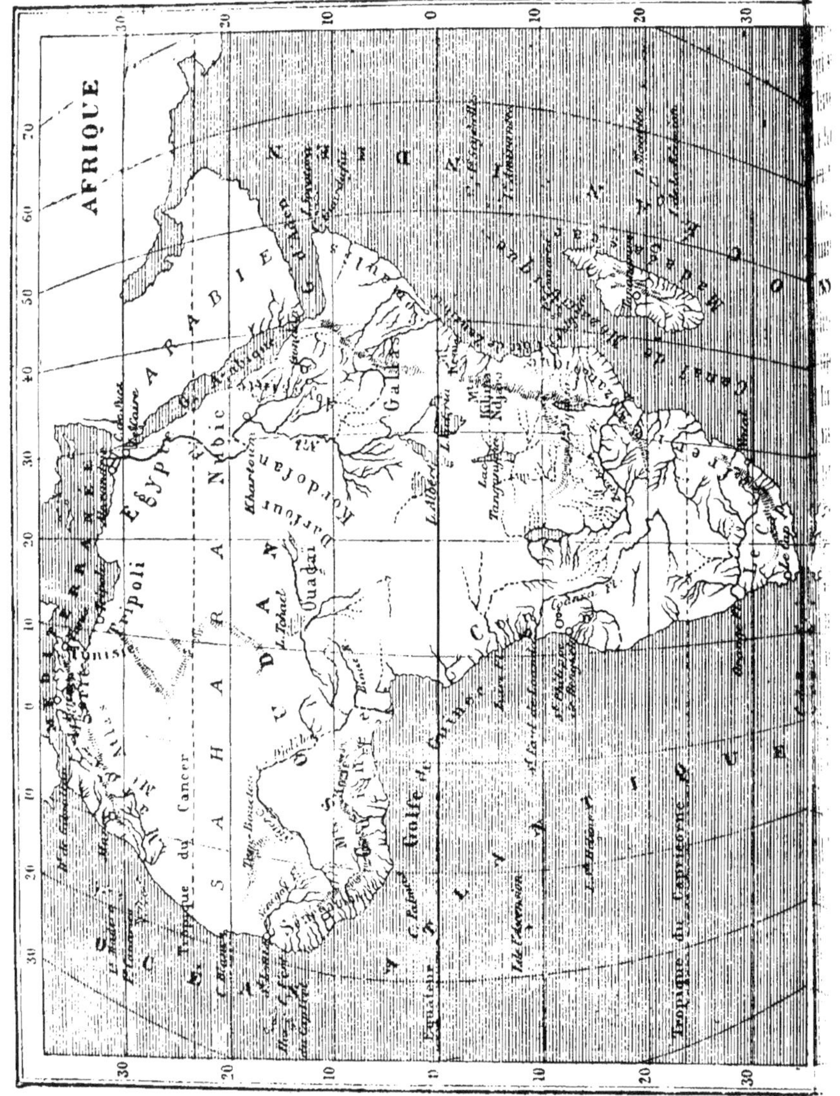
AFRIQUE
MÉDITERRANÉE
MAROC
ALGÉRIE
Tunis
Tripoli
ARABIE
Égypte
Alexandrie
Le Caire
SAHARA
Tropique du Cancer
Nubie
Khartoum
Darfour
Kordofan
Ouadaï
L. Tchad
SOUDAN
Abyssinie
Galla
Congo
Zanzibar
L. Albert
Lac Tanganyika
Kilima Ndjaro
Équateur
Golfe de Guinée
Sénégal
C. Vert
C. Palmas
Madagascar
Tropique du Capricorne
OCÉAN ATLANTIQUE
Cap de B. Espérance

Niger, qui se jette dans l'Atlantique, à l'O. ; le *Zambèze*,
qui se jette dans l'Océan Indien, à l'E., et les autres
fleuves, encore moins connus, ou moins considérables,
le *Sénégal*, la *Gambie*, l'*Ogoway*, le *Zaïré* ou *Congo*, etc.,
qui finissent dans l'Atlantique, offrent les plus grands
obstacles à la navigation; des barres ou des deltas
marécageux obstruent leurs embouchures; des cataractes s'étagent sur leur cours, des écueils sont jetés
dans leur lit, ou des marécages, comme ceux du Nil
supérieur, arrêtent les plus intrépides explorateurs.
Tous ces fleuves sont soumis à des crues périodiques;
aussi, tantôt ils ont le caractère de torrents ; tantôt,
pendant la sécheresse, les eaux sont trop basses. Puis
les bassins de ces fleuves n'ont pas de ceinture nettement déterminée; ils ne reçoivent pas ces nombreux
affluents qui recueillent régulièrement les eaux et
portent ailleurs la fécondité. Cela tient surtout au relief de l'Afrique intérieure.

Les chaînes de montagnes sont, en effet, peu éloignées de la mer et ont généralement une direction parallèle au rivage : au N., le massif de l'*Atlas;* à l'O.,
les montagnes de la *Sénégambie* et de *Kong*, qui suivent assez exactement le contour du golfe de Guinée ;
au S.-O., les chaînes encore peu connues du *Congo ;*
au S., les monts *Nieuweveldt;* à l'E., en allant du S.
au N., les monts *Draken-Berg* et *Lupata*, puis la chaîne
du *Zanguebar* où s'élèvent, dans le voisinage de
l'Équateur, le *Kilima-Ndjaro*, haut de 6,160 mètres, et le
mont *Kenia ;* enfin le plateau montagneux d'Abyssinie,
auquel on peut rattacher les *chaînes Libyque* et *Arabique*, qui encaissent la vallée du Nil. — Dans beau-

coup d'endroits, les fleuves venant de l'intérieur sont forcés de se faire jour à travers les montagnes en formant des cataractes; dans d'autres endroits, les eaux restent dans l'intérieur et donnent naissance à ces lacs nombreux qui sont l'un des traits remarquables du continent africain. Ainsi, au delà de la ceinture de montagnes suivant les côtes, l'Afrique se compose de plateaux plus ou moins élevés, les uns arrosés par le cours supérieur des grands fleuves, les autres renfermant des lacs : *région des grands lacs* ou du Nil supérieur; *région du lac Tchâd*; région des *lacs* (chotts ou sebkhas) *du Sahara; région du lac N'gami*, dans l'Afrique australe; ou bien encore formant de vastes déserts sans eau : au N., le *Sahara ;* au S., le *désert de Kalahari* et les *Karrous* du pays des Hottentots et de la colonie du Cap.

On doit encore remarquer que l'Afrique est en général privée d'eau. Elle renferme peu de ces hautes montagnes couvertes de neiges et de glaciers d'où sortent les grands fleuves dans les autres régions; de plus les courants atmosphériques, saturés de cette vapeur d'eau qui produit les nuages et l'humidité, pénètrent peu dans l'intérieur du continent; les vents alizés s'écartent des rivages de l'O. ; les moussons de la mer des Indes soufflent parallèlement à la côte ; de là la rareté des pluies dans beaucoup de parties de l'Afrique ; de là ces sécheresses qui désolent de vastes contrées où la terre serait naturellement fertile.

§ 39. — LE NIL. — LE NIGER. — LE ZAÏRE. — LE ZAMBÈZE.

LE NIL, ce grand fleuve, dont les sources mystérieuses ont été depuis si longtemps recherchées et ne sont pas encore toutes connues, descend de l'Afrique intérieure, du pays des grands lacs, aux environs de l'Équateur, et coule presque en ligne droite, du S. au N., sur une longueur de plus de 6,000 kilomètres. En venant de la côte orientale, des voyageurs anglais, Grant et Speke, ont découvert sur un plateau assez élevé un vaste bassin dont le fond est formé par deux grands lacs ; du premier, le *Victoria-Nyanza*, de forme triangulaire, situé au S. de l'Équateur, un fleuve déjà considérable, le *Kari* ou *Somerset-River*, se dirige par plusieurs chutes vers un autre lac, situé au N.-O., l'*Albert-Nyanza*, qui se déverse au N. par le *Bahr-el-Abiad* ou *Nil Blanc*. C'est assurément l'une des grandes sources du fleuve ; peut-être en a-t-il d'autres, comme le *Bahr-el-Ghazal*, qui paraît recueillir une partie des eaux venant de l'Afrique intérieure, au S.-O. Le Nil, dans sa partie supérieure, reçoit quelques affluents, et surtout à droite, le *Bahr-el-Azrèk* ou *Nil Bleu* et l'*Atbarah* ou *Tacazzé*, qui viennent d'Abyssinie. Dans sa partie inférieure, de plus en plus resserré entre deux chaînes très-voisines, il n'a pas un seul affluent et ses eaux diminuent ; il se termine dans la Méditerranée par un vaste delta, qui a 200 kilomètres à sa base. Les eaux du fleuve sont entretenues par les pluies tropicales, qui tombent régulièrement au sud du

18° lat. N. ; c'est ce qui amène la crue du Nil à des époques déterminées ; de juin à octobre en Égypte, le fleuve déborde et dépose alors son limon fécondant dans toute la vallée inférieure.

A l'O. de l'Afrique, on trouve le vaste bassin du grand fleuve que les Européens appellent toujours le NIGER, auquel les indigènes donnent le nom de Kouarra, Djoliba, etc. Il vient du versant septentrional des montagnes de Kong, se dirige au N.-E. jusque dans le voisinage de la ville célèbre de Tem-Bouktou ; puis, formant une demi-circonférence, il redescend vers le S.-O. et finit, après un cours de 3,700 kilomètres, dans le golfe de Guinée par un vaste delta marécageux. Sa vallée est plate, fertile et inondée au loin dans les crues périodiques.

Plus au S., un grand fleuve débouche dans l'Océan Atlantique; c'est le *Zaïré* ou *Congo*, dont on ne connaît assez bien que la partie inférieure, mais qui, d'après les indications récentes d'un courageux voyageur anglais, le commandant Cameron, pourrait bien recueillir les eaux d'une partie de l'Afrique intérieure ; l'intrépide américain Stanley vient (1877) de traverser toute l'Afrique centrale, de la côte de Zanguebar au Congo, et il a complété les découvertes de Cameron, en descendant le fleuve qui communique avec le Tanganyika, grand lac allongé, au S. de l'Équateur, à quelque distance des lacs d'où sort le Nil.

Le ZAMBÈZE est un grand fleuve qui finit à l'E. de l'Afrique dans l'Océan Indien. Pendant longtemps on ne connaissait que la partie inférieure ; mais, dans ces dernières années, tout son cours a été exploré par l'illustre voyageur Livingstone. Il vient des montagnes de la Guinée inférieure, à peu de distance de l'Océan Atlantique, et traverse l'Afrique australe de l'O. à l'E. ; il forme la belle cascade Victoria, où le fleuve se précipite d'une hauteur de 30 mètres, reçoit entre autres affluents, par sa rive gauche, le Chiré, qui sert d'écoulement au Nyassa (lac) Maravi, long de 300 kilomètres et se jette dans la mer par cinq bouches principales.

CHAPITRE VIII.

AFRIQUE.— **Énumération des États et de leurs capitales ; villes importantes et grands ports de commerce. — Possessions des Européens.**

§ 10. — GRANDES DIVISIONS DE L'AFRIQUE

On peut diviser l'Afrique en deux grandes parties que séparerait une ligne (montagnes ou plateaux?) menée du golfe de Guinée au cap Guardafui. Au nord de cette ligne est l'*Afrique boréale*, qui a la forme d'un trapèze irrégulier ; — au sud de cette ligne est l'*Afrique australe*, qui est une sorte de triangle.

L'Afrique boréale comprend quatre régions distinctes : *la région montueuse de l'Atlas*, au N.-O.; *la région des déserts et des oasis du Sahara*, qui s'étend de l'Océan Atlantique à la mer Rouge; — *le Soudan* ou pays des noirs, auquel on peut rattacher la *Sénégambie* à l'O., qui en est la partie montagneuse; et la *Guinée* au S.-O., qui en est la partie maritime; — enfin la longue et étroite *vallée du Nil*, au N.-E.

§ 11. — RÉGION DE L'ATLAS; EMPIRE DE MAROC; ALGÉRIE FRANÇAISE; TUNISIE.

La RÉGION DE L'ATLAS, au N.-O. de l'Afrique, entre la Méditerranée au N.. le Sahara au S., l'Atlantique

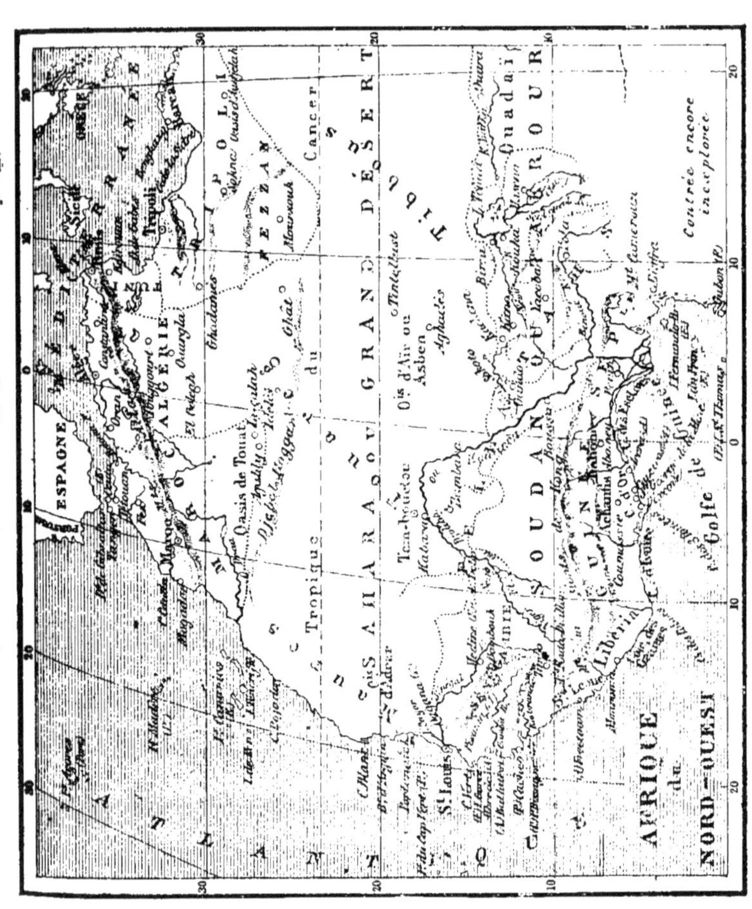

ESPAGNE
GRÈCE
ITALIE
Sicile
Tunis
Tripoli
ALGÉRIE
MAROC
Oasis de Touat
FEZZAN
Mourzouk
Tropique du Cancer
GRAND DÉSERT du SAHARA
Tibesti
Tombouctou
Ghadamès
Ghât
Oᵃˢ d'Air ou Asben
Adrar
St-Louis
Liberia
GUINÉE
Golfe de Guinée
OUADAÏ
DARFOUR
SOUDAN
Contrée encore inexplorée
ATLANTIQUE
AFRIQUE
du
NORD-OUEST

à l'O., rappelle à beaucoup d'égards l'Europe méridionale, à laquelle elle fut jadis rattachée. Elle comprend l'empire de Maroc, l'Algérie française et la Tunisie.

L'EMPIRE DE MAROC, à l'O., a une superficie plus grande que celle de la France (580,000 ou 672,000 kil. carrés?). Le massif de l'Atlas, dont un sommet, le *Miltsin*, a 3,475 mètres, coupe le Maroc du S.-O. au N.-E.; au N. s'étend le *Tell*, terre fertile, sous un climat tiède et sain; au S., le *Sahara marocain*, avec ses steppes immenses et ses oasis de verdure. Il y a des mines fort peu exploitées; les forêts, surtout sur les pentes de l'Atlas, se composent de chênes, d'acacias, de thuyas, de cèdres, de dattiers. Le sol produit céréales, lin, chanvre, oliviers, tabac, kermès, etc. On y trouve d'excellentes races de moutons, de mules, de chevaux.

Les villes principales de l'intérieur sont les trois capitales, MAROC, au pied de l'Atlas, *Fez*, la plus grande ville, par sa population de 150,000 hab. et par ses écoles renommées; *Méquinez*, où est le trésor du souverain. Les ports sont : *Tanger*, au N., près du cap Spartel, résidence des consuls européens ; *Larache*, *Salé* et *Rabat*, *Mogador*, sur l'Océan Atlantique. Le commerce extérieur consiste surtout en laines, cuirs, peaux, huile d'olive, bois, blé; le Maroc trafique avec les tribus du Sahara et les peuples du Soudan par les routes de caravanes qui conduisent à Tem-Bouctou et à Ghadamès.

La population, d'environ 8 millions d'habitants, se compose d'indigènes ou Berbères, d'Arabes conquérants, venus au VIIe et au XIe siècle, de Maures, de

Juifs et de noirs Africains. La plupart sont musulmans et parlent l'arabe. L'empereur, chef politique et religieux, a un gouvernement despotique et oppressif.

L'ALGÉRIE FRANÇAISE, à l'E. du Maroc, a environ 1,000 kil. de côtes sur la Méditerranée. Le massif de l'Atlas y forme trois chaînes, qui parfois se confondent: le petit Atlas, près de la mer, le moyen Atlas et le grand Atlas qui viennent du Maroc. Elle est divisée en 3 provinces ou départements : *Oran*, à l'O.; *Alger*, au centre; *Constantine*, à l'E. La population est d'environ 2,400,000 hab., Européens, Berbères ou Kabyles, Arabes, Maures, Juifs. (*Voir*, pour plus de détails, le *cours de Septième.*)

La TUNISIE, à l'E. de l'Algérie, à l'extrémité orientale de l'Atlas, a une côte assez accidentée, avec de bons ports. C'est l'ancien pays de Carthage. Le *Tell*, au N., est une région montueuse, avec des vallées fertiles; au S., le *Sahara tunisien* est un pays de sables et de marécages. Le Tell produit beaucoup de céréales et d'oliviers; les dattiers du Sahara sont renommés.

Les villes principales sont : TUNIS, port de commerce près des ruines de Carthage, ville d'industrie assez active, peuplée de 120,000 hab.; sur la côte, *Porto-Farina*, *Hammamet*, *Monastir*, *Sfaks*, *Gabès*, en face de l'île peuplée de *Djerba* ; dans l'intérieur, *Kaïrouan*, cité sainte des musulmans; 50,000 hab.

La superficie est de 118,000 kil. carr.; la population de 1,500,000 à 2,000,000 d'habitants, la plupart musulmans et parlant la langue arabe. Le souverain est un bey héréditaire, vassal du sultan, et placé sous la protection ou sous la surveillance de la France. . ,

§ 12. — RÉGION DU SAHARA : PROVINCE TURQUE DE
TRIPOLI ; DÉSERT DU SAHARA.

La RÉGION DU SAHARA comprend le pays de Tripoli et l'immense désert du Sahara proprement dit.

Le PAYS DE TRIPOLI est une province de l'empire Ottoman. C'est la partie méditerranéenne du Sahara; c'est l'entrée du désert; c'est par là surtout que les voyageurs européens ont pu pénétrer dans l'Afrique intérieure ou Soudan. La côte est généralement mauvaise, peu fréquentée, cependant assez fertile; là est la capitale, TRIPOLI, la seule ville un peu importante de la province. Le plateau de *Barkah*, à l'E., l'ancienne Cyrénaïque, a quelques belles vallées, quelques bonnes positions maritimes, comme *Benghazy*, mais encore plus de ruines. Au S., sont des plateaux rocailleux, des sables et quelques oasis : *Audjilah*, à l'E., sur la route de l'Égypte; le *Fezzan*, au S., grande région de déserts entremêlés d'oasis, avec sa capitale *Mourzouk*, marché d'esclaves; *Ghadamès*, au S.-O., grand marché, en relations commerciales avec les tribus du Soudan et du Maroc.

On évalue la superficie à 892,000 kil. carrés, la population à 6 ou 700,000 habitants.

Le SAHARA est une immense étendue de terres désolées, sans limites bien déterminées, de l'Atlantique à la vallée du Nil. On y rencontre tantôt de véritables mers de sables, aux vagues soulevées par le simoun; tantôt des steppes, qui se couvrent d'herbes après les pluies d'hiver; tantôt des oasis, dont plusieurs ont une étendue assez considérable. La chaleur extrême pendant le jour, et le manque d'eau courante caractérisent cette région.

On la divise en trois parties : le SAHARA OCCIDENTAL, entre le Maroc et le Sénégal, a des rivages inhospitaliers, féconds en naufrages, comme le banc d'Arguin, avec des oasis placées en longues lignes, dont la fertilité relative est due sans doute à des cours d'eau souterrains. Les habitants, mélange d'Arabes, de Berbères et de nègres, sont généralement appelés Maures; plusieurs de leurs tribus font le commerce de caravanes du Maroc au Sénégal et à Tem-Bouctou. — Le SAHARA CENTRAL est habité par les tribus des Touaregs, de race berbère, musulmans de religion, pasteurs, marchands ou faisant cultiver la terre par leurs esclaves, mais tous belliqueux et assez disposés à piller les caravanes. Plusieurs oasis ont de l'importance; au N.-E., celle de *Ghât* a plus de 200 lieues de longueur, et la ville de *Ghât*, grand marché d'échanges, est le passage forcé des caravanes qui vont de Tripoli au Soudan; au N.-O., dans le voisinage du Maroc, les oasis du Touât avec la ville d'*Inçalah* s'étendent sur une longueur de 300 kil. Au S., l'*Aïr* ou *Asben*, sur la route du Soudan, a 400 kil., et la ville d'*Agadès*, quoique déchue, est encore le rendez-vous des caravanes. — Vers le centre est le plateau remarquable d'*Ahaggar*, avec des montagnes boisées, de belles vallées bien arrosées, habité par les plus redoutables des Touaregs, dont la ville principale est *Idelès*.

Le SAHARA ORIENTAL, moins connu et plus aride, a

pour habitants les Tibbous, **plus sauvages et plus noirs** que les Touaregs.

§ 13. — RÉGION DU SOUDAN ; SES DIFFÉRENTS ÉTATS ; SES VILLES. — SÉNÉGAMBIE. — GUINÉE.

On a donné les noms de SOUDAN, TAKROUR ou NIGRITIE (pays des noirs) à une région située au S. du Sahara, dont elle est séparée par la ligne irrégulière qu'atteignent les pluies périodiques au N. de l'Équateur. C'est, en général, une plaine basse, fertile, peuplée, qui n'a été véritablement connue que de nos jours, après le voyage célèbre de Barth. On ne sait pas encore quelles sont ses limites vers le Sud.

À l'E., le Soudan s'étend jusqu'au Nil supérieur. Le KORDOFAN, le DAR-FOUR, le OUADAÏ, habités, surtout les deux derniers, par des nègres et des Arabes féroces et fanatiques, semblent devoir reconnaître plus ou moins imparfaitement la domination du vice-roi d'Égypte. — Au centre, est la région des lacs ; le plus considérable est le *Tchâd*, vaste marécage, long de 320 kil., large de 200, qui reçoit le Schari au S., le Yeou à l'O. Trois États l'environnent, peuplés surtout par les nègres Kanouri, assez intelligents : le KANEM, au N., le BAGIRMI, au S.-E., dont la capitale est *Masna ;* et le BORNOU, à l'O., plus considérable, cultivé, fertile, avec des villes assez importantes par leur industrie, *Kouka, Ngornou, Dikoua,* etc. — La partie occidentale du Soudan est arrosée par le Niger (Kouarra ou Djoliba), grand fleuve de 3,700 kil. de cours qui reçoit d'assez nombreux affluents et surtout la

Tchadda ou *Binoué*, venant de l'Afrique intérieure. Le pays, assez fertile et peuplé, est sous la domination des FELLATAH, qui semblent se rapprocher des Berbères. Convertis à l'islamisme, ils se sont précipités, au commencement du XIXe siècle, des montagnes de l'O. jusque vers le lac Tchâd, ont soumis les nègres indigènes, et ont fondé un empire qui semble en voie de décomposition. La capitale de leur sultan est *Sokoto* ou *Sakatou*, sur un affluent de gauche du Niger ; *Kano* est la ville la plus importante par son industrie et son commerce ; on peut encore citer *Yakoba* et *Katchena*. Plusieurs pays dépendent des Fellatah, vers le Sud, comme l'ADAMAOUA, dont la capitale *Yola* est sur un affluent de la Tchadda. Ils ont également étendu leur domination à l'O. du Niger, sur *Boussa*, *Djenné*, etc. ; TEM-BOUCTOU subit leur influence ; cette ville, plus célèbre que grande, située près du Niger, dans sa partie la plus septentrionale, fait depuis longtemps un commerce important avec le Soudan, le Maroc et les oasis du Sahara.

Sénégambie. — Guinée. — Possessions européennes.

La SÉNÉGAMBIE peut être considérée comme la partie occidentale, montueuse et maritime du Soudan. Séparée du Sahara, au N., par le Sénégal, elle a des côtes basses et malsaines ; puis le pays se relève et est couvert par les nombreuses ramifications des montagnes, qui limitent à l'O. le bassin du Niger. Deux fleuves, le *Sénégal* et la *Gambie*, donnent leurs noms au pays. La végétation est vigoureuse ; on trouve surtout dans la région montueuse des bois de toute nature ; dans les plaines, l'acacia-gommier, les arachides, les plantes oléagineuses, le coton, etc. — Le pays est peuplé par des hommes de races différentes, par des Maures au N. ; par des Peuls ou Foulah, les mêmes que les Fellatah du Soudan, musulmans, pasteurs et guerriers ; par des noirs, Ouolofs, Mandingues, cultivateurs et commerçants, tous divisés en un grand nombre de petits États et soumis aux superstitions d'un fétichisme grossier.

Trois peuples européens ont des possessions en Sénégambie : les Français dominent la vallée du Sénégal jusqu'à la cataracte de Félou et la vallée de la Falémé, son affluent ; puis, la plus grande partie de la côte jusqu'au cap Vert, en face duquel est la petite île de *Gorée* avec un bon port ; et presque toute la vallée de la Casamance plus au S. La capitale de ces possessions est SAINT-LOUIS, dans une île du Sénégal, à 33 kilom. de son embouchure, ville de commerce de 15,000 habitants. — Les Anglais sont principalement établis sur la Gambie, où ils possèdent *Sainte-Marie-de-Bathurst*. — Les Portugais ont quelques comptoirs, comme *Cacheo*, et les îles *Bissagos*.

La GUINÉE est la région maritime du Soudan, depuis la Sénégambie, dont elle est le prolongement, jusqu'au cap Lopez, un peu au S. de l'Équateur. La côte, d'un accès difficile, est basse, bordée de lagunes, malsaine ; le pays s'élève peu à peu jusqu'aux montagnes de Kong, peu considérables, qui séparent la Guinée du Soudan proprement dit ; les rivières sont nombreuses; mais, obstruées de rapides et de barres, elles ne sont pas navigables ; à l'E., on trouve le vaste delta du Niger, qui sépare les golfes de *Benin* et de *Biafra;* plus au S. est l'*Ogoway*, qui paraît être un grand fleuve, venant de l'Afrique intérieure.

Le climat est chaud, humide et malsain ; la végétation est active, comme dans le Soudan et la Sénégambie; la faune et la flore sont à peu près semblables. Le pays est habité par des noirs, presque tous encore sauvages, cruels ou abrutis, divisés en petits États.

Depuis longtemps les Européens ont exploité les côtes de la Guinée, auxquelles ils donnèrent les noms significatifs de *Côtes des Graines* ou *du Poivre,* *d'Ivoire, d'Or, des Esclaves.* En venant de la Sénégambie, on trouve : la colonie de Sierra Leone, formée par les Anglais d'esclaves enlevés aux négriers; la capitale est *Freetown;* — la république de Liberia, fondée par les Américains en faveur de nègres rendus à la liberté; la capitale est *Monrovia;* on peut y rattacher la colonie de Maryland, dont le chef-lieu est *Harper;* — les comptoirs français, presque abandonnés, de *Grand-Bassam* et d'*Assinie;* — les comptoirs nombreux possédés par les Anglais, dont le chef-lieu est *Cap-Corse.* — Dans l'intérieur des terres les plus puissants royaumes indigènes sont ceux des cruels Ashantis, contre lesquels les Anglais ont eu souvent à lutter, et dont ils ont pris récemment la capitale *Coumassie;* puis celui de Dahomeh, soumis au despotisme le plus odieux, au fétichisme le plus grossier; la capitale est *Abomeh;* sur la côte, les ports de *Whydah* et de *Badagry,* longtemps repaires des négriers, font assez de commerce. Le Dahomeh est souvent en lutte avec les Egbas d'*Abéokouta*, partagés entre l'influence anglaise et celle des musulmans, qui viennent du Soudan. — Vers les embouchures du Niger sont les petits États de *Benin*, de *Calabar*; puis les comptoirs français du *Gabon* et de l'*Ogoway*, plus au S. C'est par ce dernier fleuve que les explorateurs français essayent de pénétrer dans l'Afrique intérieure.

§ 44. — LA RÉGION DU NIL. — L'ÉGYPTE : SES VILLES PRINCIPALES. — LE CANAL DE SUEZ.

La région du grand fleuve africain, le Nil, peut se diviser en deux parties distinctes : 1° l'Égypte, qui se rattache aux nations civilisées; 2° les pays des hautes régions du Nil, encore plus ou moins barbares, et que l'on commence seulement à connaître.

L'ÉGYPTE est célèbre dans l'histoire depuis plus de 5,000 ans par son antique civilisation, sa fertilité, sa belle position aux confins de l'Asie, de l'Afrique et de l'Europe. Bornée par la Méditerranée au N., elle est séparée de l'Asie, à l'E., par le canal de Suez et le golfe Arabique; au S., elle touche à la Nubie; à l'O., au désert de Libye et au plateau de la Marmarique, qui la rattache au pays de Tripoli. Elle est longue de 800 kil.; on estime la superficie à 500,000 kil. carrés, mais le sol cultivable, dans la vallée du Nil et dans le Delta, n'a pas plus de 22 à 23,000 kil. carrés.

La vallée du NIL est une bande de terres fertiles,

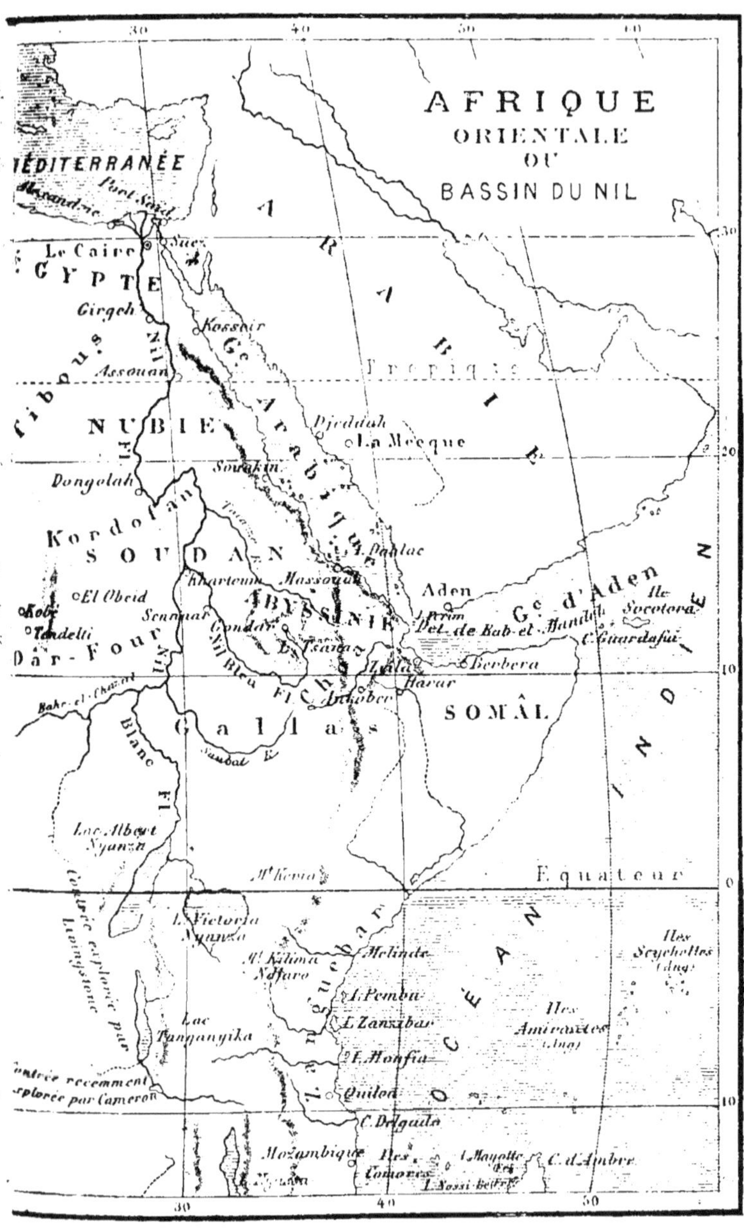

AFRIQUE
ORIENTALE
OU
BASSIN DU NIL
MÉDITERRANÉE
Alexandrie
Port-Saïd
Le Caire
Suez
ÉGYPTE
Girgeh
Kosseïr
Assouan
Tibbus
Nil
Ge Arabique
NUBIE
Djeddah
La Mecque
Dongolah
Souakin
Kordofan
SOUDAN
El Obeid
Khartoum
Massouah
Aden
Ge d'Aden
Ile Socotora
Kobé
Sennaar
ABYSSINIE
Aphrim
Det. de Bab-el-Mandeb
Tadelti
Gondar
C. Guardafui
Dar-Four
Nil Bleu
Lac Tsana
Zeïla
Berbera
Bahr-el-Ghazal
Fiche
Ankober
Harar
SOMÂL
Blanc
Nil
Gallas
Sobat R.
Lac Albert Nyanza
M. Kenia
Équateur
OCÉAN INDIEN
L. Victoria Nyanza
M. Kilima Ndjaro
Melinde
Iles Seychelles (Ang.)
Zanguebar
I. Pemba
I. Zanzibar
Iles Amirantes (Ang.)
Lac Tanganyika
I. Monfia
Contrée explorée par Livingstone
Quiloa
Contrée récemment explorée par Cameron
C. Delgado
Mozambique
Iles Comores
I. Mayotte
C. d'Ambre
I. Nossi-bé

large de 12 à 15 kil. au S., de 30 à 32 kil. au N., entre la chaîne Arabique à l'E. et la chaîne Libyque à l'O.; les rives étant plus hautes que la vallée, l'inondation, à l'époque des crues, est facile, et on la dirige au moyen de canaux d'irrigation. Le fleuve entre en Égypte près d'Assouan, en formant à l'île de Philæ la dernière de ses cataractes, haute de 2 à 3 mètres; la crue commence à la fin de juin et dure jusqu'à la fin d'octobre; pour qu'elle ne soit ni trop faible, ni trop forte, il faut qu'elle monte entre 7 à 8 mètres, au *mékias* ou nilomètre, dans l'île de Rhodah, en face du Caire; elle est régularisée par un barrage établi au sommet du Delta. — Au-dessous du Caire, le Nil se divise en plusieurs branches, qui forment un vaste triangle; c'est ce que les Grecs ont appelé le *Delta*; ils comptaient sept de ces branches; il n'y en a plus que deux, qui soient navigables, la branche de Damiette (Phatnitique) à l'E., la branche de Rosette (Bolbitique) à l'O. Le Delta a 200 kil. à sa base et 150 sur chaque côté; il est bordé de cinq grandes lacunes marécageuses, *Mariout*, *d'Aboukir*, *Edkou*, *Bourlos* et *Menzaleh*; le rivage forme un arc de cercle; à l'O. est le *golfe des Arabes*, à l'E. le *golfe de Péluse*. — Le *canal de Joseph* se détache du fleuve, à gauche, arrose la belle vallée *du Fayoum* et forme le *Birket-el-Keroun* (ancien lac Mœris); plus au N. est la vallée des lacs de *Natron*.

L'*isthme de Suez* n'était, il y a quelques années, qu'une région basse et sablonneuse; dans l'antiquité, Néchao, Darius, puis les Ptolémées, l'empereur Adrien, les Arabes essayèrent d'unir le golfe Arabique au Nil

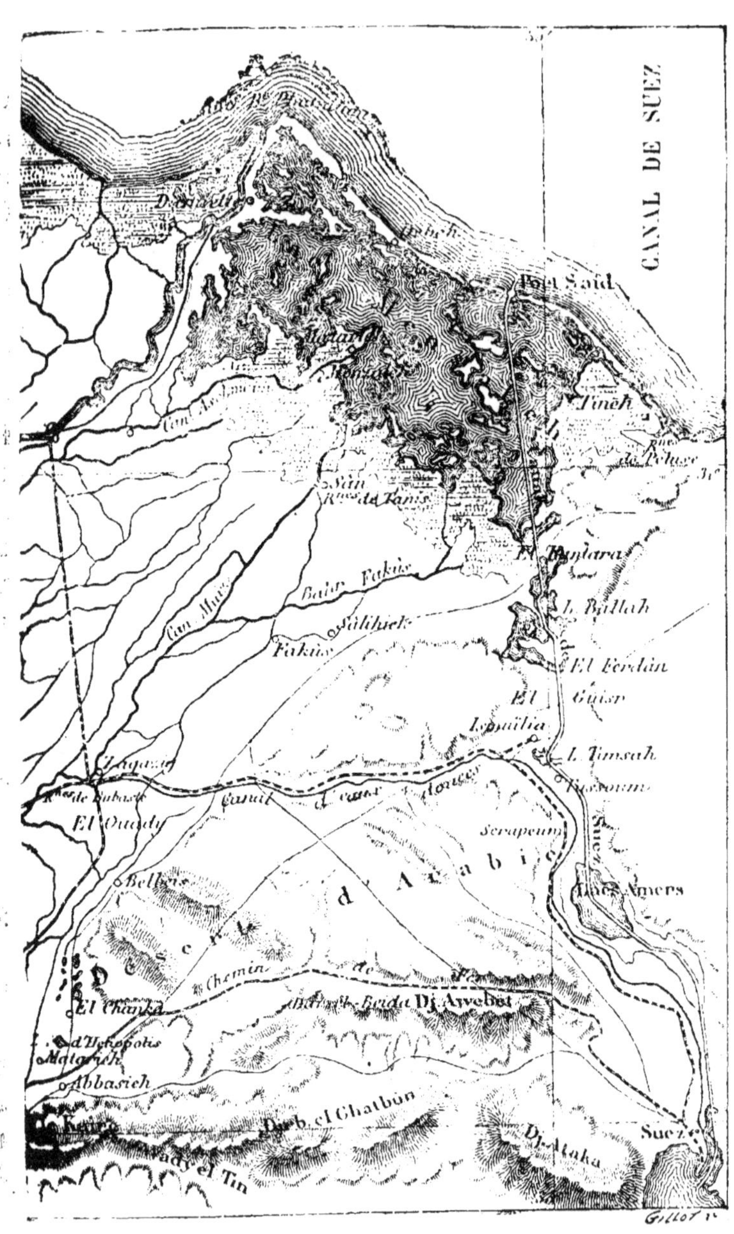

CANAL DE SUEZ
Port Saïd
Tineh
Rue. de Peluse
El Mandara
L. Ballah
El Ferdan
El Guisr
Ismailia
L. Timsah
Toussoum
Serapeum
Lacs Amers
Djebel
San
R.ººº de Tanis
Bahr Fakus
Salihieh
Fakus
Zagazig
R.ºº de Bubaste
El Ouady
Bellus
Désert d'Arabie
Chemin de Fer
El Chanka
d'Héliopolis
Matarieh
Abbasieh
Kaire
Derb el Chatbun
Batn el Baida Dj. Aweibet
Dj. Ataka
Suez
Wad el Tin
Damiette
GILLOT sc.

par un canal, qui ne fut jamais très-utilisé et fut presque toujours facilement obstrué. Une compagnie, dirigée par M. de Lesseps, a terminé en 1869 la grande œuvre d'un *canal maritime*, destiné à unir la Méditerranée européenne aux mers de l'Orient. Le canal s'ouvre à Port-Saïd, protégé par deux jetées immenses, traverse les lagunes du lac Menzaleh, franchit le seuil d'El-Guisr, arrive au lac Timsah, sur lequel est bâtie la ville moderne d'Ismaïlia, traverse le bassin des lacs Amers et débouche dans le port de Suez. Un canal d'eau douce, dérivé du Nil au-dessous du Caire, passe par Zagazig, se dirige vers Ismaïlia, et là se divise en deux branches : une au N., vers Port-Saïd, l'autre au S., vers Suez.

Il y a encore en Égypte d'autres canaux : le *canal Moeys*, partant du Caire vers le N.-E. ; — le canal *Chybyn-el-Koum* dans le Delta ; — le canal *Mahmoudieh*, du Nil à Alexandrie, long de 100 kil.

Il pleut rarement en Égypte ; aussi le climat est chaud et sec ; mais les rosées sont très-abondantes. L'air est sain, excepté pendant le *Khamsin*, vent du sud, que les Arabes appellent encore le simoun ou poison. La peste exerce quelquefois ses ravages.

L'Égypte a des carrières de granit, de syénite rouge, de porphyre, d'albâtre ; des émeraudes et du natron. Elle n'a pas de forêts ; c'est avant tout une région agricole, grâce au limon et à l'humidité que le Nil apporte ; elle produit en abondance, presque sans labour, céréales, légumes, plantes textiles, oléagineuses, tinctoriales, opium, coton, canne à sucre, fourrages, etc. — Il y a peu de bœufs, des ânes, des chevaux, des

chameaux, des moutons, dont on exporte la laine, des
chèvres, des poules, des pigeons, etc. — L'industrie
est peu avancée; on fabrique des jarres, des briques,
des toiles de lin, de coton, des soieries, du sucre, de
l'eau de rose, du sel ammoniac, etc.

La population est d'environ 5 millions d'habitants;
elle comprend : les *Coptes*, descendants des anciens
Égyptiens; la plus grande partie des *Fellahs*, qui cul-
tivent la terre; les *Ababdeh*, les *Barabras*, à l'E. du
Nil: ils appartiennent à la race Éthiopienne; — une
partie des Fellahs, les nomades du désert au N.-E.: les
habitants des villes sont de race arabe; — le reste de
la population se compose de Turcs, de Grecs, de Juifs,
d'Arméniens, d'Européens, de nègres. — La plupart
des habitants sont musulmans; 150,000 Coptes, restés
chrétiens, ont pour chef religieux le patriarche jaco-
bite du Caire.

L'Égypte est divisée en trois parties : au N., la *Basse-
Égypte* ou *Bahari*; au centre, la *Moyenne-Égypte* ou
Ouestanieh; au S., la *Haute-Égypte* ou *Saïd*. Elle com-
prend 7 intendances et 74 départements.

La capitale est le CAIRE, sur la rive droite du Nil, à
22 kil. S. de la pointe du Delta, grand entrepôt de
commerce, ville peuplée de 354,000 habit.; elle a deux
ports sur le Nil : le *Vieux-Caire* ou *Fostât*, au S.; et
Boulak, au N.; *Matarieh* ou *Héliopolis*, célèbre par la
victoire de Kléber, en 1800, est au N.-E.

Les principales villes de la BASSE-ÉGYPTE sont :
ALEXANDRIE, grand port de commerce entre la Méditerranée et le lac Mariout; c'est une ville à moitié

européenne, qui a retrouvé son ancienne prospérité ;
220,000 hab. ; — *Aboukir* (Canope), au N.-E., port,
place fortifiée ; — *Rosette*, port où l'on fabrique des
toiles et des soieries ; 15,000 hab.;— *Damiette*, bon port,
célèbre au temps des croisades ; 29,000 hab.; — *Man-
sourah*, sur la branche de Damiette, rappelle les mal-
heurs de saint Louis ; — *Damanhour* et *Ramanieh* ; —
Mahallet-el-Kébir, dans le Delta ; fabriques de soieries
et de cotonnades ; 20,000 hab.; — *Zagazig*, sur le
canal d'eau douce, près de l'Ouadi (pays de Gessen) ;
— *Port-Saïd*, port près de Tineh (l'anc. Péluse) ; 10,000
hab. ; — *Ismaïlia*, au centre de l'isthme, jolie ville
récente ; — *Suez*, au fond du golfe ; commerce considérable ; 14,000 hab.

Dans la MOYENNE-ÉGYPTE on peut citer : *Gizeh*, sur
la rive gauche du Nil, près des ruines de Memphis et
des Pyramides;—*Embabeh*, en face de Boulak ; —*Beni-
souef*, sur la rive gauche du Nil ; cotonnades ; — *Sedi-
man*, où Desaix fut victorieux en 1798 ; — *Minieh*, où
on fabrique des bardaques, vases poreux pour rafraî-
chir l'eau ; — *Medinet*, chef-lieu du Fayoum ; fabriques
de toiles, de châles blancs, d'essence de rose.

Dans la HAUTE-ÉGYPTE : *Syout*, sur la rive gauche
du Nil ; grand commerce avec le Dâr-Four ; 20 à 25,000
hab. ; — *Akhmîn*, sur la rive droite; poteries ; —
Girgeh, sur la rive gauche ; — *Dendérah*, célèbre par
ses ruines ; — *Karnak, Louksor, Médinet-Abou*, villages
au milieu des ruines célèbres de la grande Thèbes ; —
Assouan (Syène), près de la première cataracte, en remontant le Nil ; — le seul port de l'Égypte sur la mer Rouge
est *Kosséir*, qui fait quelque commerce avec Djeddah.

A l'O. du Nil, on trouve la ligne des oasis, dirigée du S.-E. vers le N.-O. : la GRANDE-OASIS ou oasis de Thèbes, ou El-Khardjeh ; les oasis EL-DAKHEL, EL-FA-RAFREH ; la PETITE-OASIS ; enfin l'oasis de SIOUAH, ancienne oasis d'Ammon, avec des ruines curieuses, peuplée de 6,000 Berbères.

Un chemin de fer de 356 kil. conduit d'Alexandrie au Caire, puis à Suez ; il a plusieurs embranchements. Le commerce se fait surtout par mer avec l'Europe.

Le gouvernement est une sorte de monarchie absolue, vassale du sultan : le vice-roi ou *khédive* doit un tribut annuel de 60,000 bourses (7,560,000 francs), et, en cas de guerre, un contingent de 20,000 hommes. Il est propriétaire d'une grande partie du pays, et ses revenus se confondent d'une manière assez obscure avec ceux de l'État.

Nous verrons plus loin les pays qui dépendent du vice-roi dans les régions du Nil supérieur.

§ 45. — LA RÉGION DES GRANDS LACS. — LE PAYS DES GALLAS. — L'ABYSSINIE. — LE SOUDAN ÉGYPTIEN ET LA NUBIE.

Le Nil vient de l'Afrique intérieure ; les sources mystérieuses de ce fleuve célèbre, depuis si longtemps recherchées vainement, commencent à être en partie connues, grâce aux découvertes récentes des Burton, des Speke, des Grant, des Baker.

A 3,000 kil. de son embouchure, il est formé, à Khartoum, dans le Sennaar, par la réunion du *Bahr-el-Azrèk* (Nil Bleu), qui vient d'Abyssinie, au S.-E., et du *Bahr-el-Abiad* (Nil Blanc), qui vient du S., et qui est considéré comme le fleuve principal.

Il est certain qu'une partie au moins des affluents du Nil Blanc viennent d'une région récemment explorée, celle des GRANDS LACS.

Deux grands lacs forment en effet le fond d'un bassin entouré de montagnes, le VICTORIA-NYANZA et l'ALBERT-NYANZA. Le premier appelé encore UKÉRÉWÉ, découvert par le capitaine anglais Speke, qui venait de la côte de Zanguebar, a la forme d'un triangle dont le sommet est au S., par 0° 20' lat. N., et dont chaque côté paraît avoir 350 kil. ; il reçoit plusieurs cours d'eau, comme le *Kitangelé*, le plus au S., et est séparé du lac *Baringo*, au N.-E., par un pays montueux et peuplé. Un fleuve appelé *Kari* ou *Somerset-River*, sort du lac, vers le N., forme les chutes de Ripon, de Karouma et surtout la grande chute de Murchison. Puis il entre dans un autre lac, le M'WOUTAN-NZIGÉ, que l'Anglais Baker, venu du Nord, a découvert en 1864, et appelé l'Albert-Nyanza. On lui donne 100 kil. de largeur et 480 kil. de longueur. Y-a-t-il vers l'O. d'autres lacs ? Communique-t-il avec un lac plus méridional ? On ne sait ; mais il se déverse au N.-E. par un grand fleuve, le *Kir* ou Bahr-el-Abiad, le Nil Blanc.

Le Nil coule dès lors vers le N. jusqu'à *Gondokoro*, avant-poste du commerce de l'ivoire, où pendant longtemps se sont arrêtées les reconnaissances venues de l'Égypte, traverse des prairies souvent inondées, touche à un vaste marécage appelé le *lac Nou*, et coulant vers le N.-E., arrive à Khartoum.

Ses affluents sont encore peu connus : à droite,

l'*Assua*, le *Sôbat;* — à gauche, le *Bahr-el-Ghazal*, formé lui-même par plusieurs cours d'eau qui viennent de l'Afrique intérieure, peut-être l'une des grandes sources du Nil ; puis le *Bahr-el-Erseyat*, grossi du *Keilak*.

Les crues du Nil Blanc sont produites par les pluies tropicales, qui tombent régulièrement, surtout en avril et en mai, au sud du 18° lat. N.

Dans la région des Grands Lacs, la chaleur est modérée à cause de l'altitude, la terre est fertile, les animaux sauvages sont nombreux. Les populations, divisées en beaucoup de tribus, sont un mélange de nègres soumis et de *Wahoumas*, qui se rapprochent des Gallas, d'origine éthiopienne. On cite les nègres des pays de *Karagoué*, d'*Ouganda*, au S. et au N. du Victoria-Nyanza ; du pays d'*Ounyoro*, entre les grands lacs ; puis, en descendant le fleuve, les *Bari*, cultivateurs ; les *Dinka*, pasteurs et nomades, moins sauvages que leurs voisins ; les *Nouers*, belliqueux et laids ; les *Shillouks*, nègres chétifs sur la rive gauche ; et, dans le bassin du Bahr-el-Ghazal, les *Djoûr*, les *Nyam-Nyam*, etc.

Entre le Victoria-Nyanza et le plateau d'Abyssinie, à la droite du Nil Blanc, est le PAYS DES GALLAS, comprenant surtout les plateaux de Kâfa et d'Enaréa, arrosé par le Sôbat, le Godjeb, et séparé de l'Abyssinie par le Bahr-el-Azrèk. Les Gallas ou Ormas (les braves), de race éthiopienne, braves, belliqueux, parfois cruels, ont des chefs musulmans et se sont étendus au loin, en conquérants et en pillards. Ils forment un grand nombre de petits États indépendants, dans un pays

8.

riche et assez bien cultivé, mais encore trop peu connu.

L'ABYSSINIE est une haute terre granitique, entre le Bahr-el-Abiad et la mer Rouge, dont elle est séparée par une bande de terre étroite, malsaine, le *Samhara*. Elle a environ 1,100 kilomètres en tous sens et près de 500,000 kil. carrés de superficie. Elle s'abaisse vers l'O. par de larges terrasses, à pentes assez rapides ; vers le S., elle touche au pays des Gallas.

C'est un pays bouleversé par l'action volcanique ; souvent les montagnes ou *ambas* ont des sommets horizontaux et sont bordées de murailles à pic ; quelques massifs atteignent 4,000 mètres ; le mont *Détjen* a 4,623 mètres. — L'Abyssinie est presque tout entière dans le bassin du Nil Bleu, alors appelé *Abaï*, qui tombe dans le lac *Tzana* ou *Dembea*, long de 80 kil., à 1,900 mètres d'altitude ; il en sort par une chute de 13 mètres, décrit une spirale remarquable, prend le nom de *Bahr-el-Azrek*, à cause de la limpidité de ses eaux, et reçoit quelques affluents. — Un autre affluent du Nil, l'*Atbarah*, prend sa source près du lac Tzana, reçoit le *Tacazzé*, qui recueille les eaux de l'Abyssinie orientale, et fournit la plus grande partie du limon qui féconde l'Égypte.

On distingue trois zones de terre dans l'Abyssinie : les *Kolla*, de 1,000 à 1,600 mètres d'altitude, pays fertiles, mais malsains ; — les *Ouaïa-Déga*, de 1,600 à 3,000 mètres, où la température est modérée, l'air sain ; c'est la zone des pâturages, des cultures variées, des forêts ; — les *Déga*, de 3,000 à 4,500 mètres, sont de vastes plateaux, avec de bons pâturages, mais exposés aux ravages des sauterelles et de la mouche *Halt-salya*.

Les habitants les plus anciens, les *Agao*, ont été soumis par des conquérants venus de l'Asie, d'origine sémitique; de là le nom d'*Habesch* (peuples mêlés), Abyssins, que leur donnent les Arabes. Ils furent convertis au christianisme par les Romains vers le IVe siècle. Leur langue était le *ghèz*, qui se rapproche de l'arabe, et qui est devenue une langue sacrée. Leur royaume d'Axoum tomba en décadence au XVIe siècle; alors le souverain ou *négous* vint s'établir à Gondar, dans le pays appelé Amhara; mais les incursions des Gallas et les guerres civiles désolèrent presque toujours l'Abyssinie. Dans ces derniers temps, un chef assez intelligent avait soumis presque toute l'Abyssinie et pris le nom d'empereur Théodoros; mais, depuis sa défaite par les Anglais et sa mort, en 1868, le pays a été de nouveau livré à l'anarchie.

Les Abyssins, chrétiens du rite copte, ont un archevêque ou *abouna*, qui réside à Gondar et est nommé par le patriarche du Caire. Il y a peu d'industrie; le commerce est difficile et peu considérable; il se fait par Adouàh vers les ports de Massàouah et de Souàkim.

La grande coupure, au fond de laquelle coule le Tacazzé, divise l'Abyssinie en deux parties, le Tigré, au N.-E., l'Amhara, au S.-O., comprenant un grand nombre de pays ou provinces. Les principales villes, toutes peu considérables, sont, dans le TIGRÉ, *Axoum*, aujourd'hui déchue; *Adouah*, la capitale, peuplée de 6,000 habitants; *Antalo*, *Tchelikot*, place forte; *Sokota*, marché assez important; — dans l'AMHARA,

Baso, place de commerce; *Gondar*, centre religieux, ville d'industrie et de commerce; 12,000 habitants; *Maydala*, forteresse où périt Théodoros. — Le CHOA, au S.-E., a été souvent un royaume distinct; les Gallas y dominent; les principales villes sont : *Ankober*, la capitale; *Angolola, Aleyou-Amba*.

Les Turcs ont récemment abandonné au vice-roi d'Égypte toute la côte occidentale de la mer Rouge; *Souâkîm* en Nubie et *Massâouah* dans le Samhara sont maintenant des ports égyptiens; le petit port d'*Arkiko* est au S.; la baie de *Zoulla*, près de l'ancienne Adulis, et l'île *Dessi*, ont été cédées à la France, en 1867; mais les Anglais se sont établis aux îles *Dhalac*, plus à l'E., importantes par leurs pêcheries de perles.

En descendant le Nil, après la région des Grands Lacs, on rencontre deux pays assez semblables, que les anciens appelaient *Æthiopia supra Ægyptum* (l'Éthiopie au-dessus de l'Égypte), le SOUDAN ÉGYPTIEN et la NUBIE, soumis de 1820 à 1822 par le vice-roi d'Égypte.

C'est près de *Khartoum*, dans le Soudan, que se réunissent le Bahr-el-Abiad, aux eaux blanchâtres, et le Bahr-el-Azrêk, aux eaux limpides, mais moins abondantes. Le fleuve, en se dirigeant vers le N., forme deux courbes successives, l'une vers l'E., l'autre vers l'O.; son lit est obstrué par des rapides ou cataractes; c'est alors qu'il reçoit à droite l'Atbarah; les anciens appelaient *île de Méroë* le pays compris entre le Nil, l'Atbarah et le Bahr-el-Azrêk.

C'est une région chaude et sèche; les pluies ne commencent qu'au S. du 18° de lat. N.; il y a quelques forêts et de vastes pâturages dans la partie méridionale du Soudan ; aussi les bestiaux sont assez nombreux, mais les animaux sauvages abondent.

De nouvelles divisions administratives ont été récemment établies dans cette région. Contentons-nous
de rappeler ici les noms de quelques localités connues : *Famaka* et *Mehemetalipolis* sont dans le Fazoql,
pays de montagnes près du Nil Bleu ; — *Sennaar* est
encore un centre de commerce sur ce fleuve ; — *Wheled-Medineh*, avec 10 à 12,000 hab.,— *Mesalamieh*, avec
20,000 hab., font le commerce sur le Nil Bleu ;—KHAR
TOUM, au confluent des deux Nil, capitale du Soudan,
est une ville importante de 30 à 35,000 hab.

Dans la HAUTE-NUBIE, on cite : *Chendy*, presque détruite en 1821 ; — *Damer*, célèbre par ses écoles arabes ; — *Dongolah*, maintenant déchue, et *Marrakah* ou
Nouveau-Dongolah.

Dans la BASSE-NUBIE : *Derr*, *Ebsamboul* et *Ibrim*,
célèbres par leurs ruines.

A l'O. de la vallée du Nil, on rencontre l'oasis de *Takalé ;* — le *Kordofan*, pays de steppes avec des forêts
de palmiers au S.; la capitale est *Lobeid* ou *El-Obeïd*,
ville moderne, assez peuplée, qui fait un commerce
actif ; — puis, au N.: l'oasis de *Sélimma*.

Dans ces régions, on chasse surtout les éléphants.
C'est par le Kordofan que les Égyptiens s'avancent dans
le Soudan (Dâr-Four et Ouâdaï): ils cherchent à étendre
leur domination, et à certains égards la civilisation,
parmi les populations encore barbares qui habitent
la contrée des Grands Lacs.

A l'E. du Nil, il y a des populations qui dépendent

plus ou moins de l'Égypte et de l'Abyssinie : les
AGHA'ZI, d'origine abyssine, avec le port de Souâkîm ;
— les *Bédaoui*, nomades ; — les *Bicharieh*, à l'E. du désert de Korosko, noirs bronzés, aux traits européens,
musulmans grossiers, perfides et voleurs, etc.

Les populations du Soudan et de la Nubie sont de
race arabe, de race éthiopienne du rameau brun rouge,
de race éthiopienne du rameau noir ; ces races se sont
souvent mélangées. La plupart sont musulmanes ; on
estime vaguement leur nombre à 3 millions.

246. — AFRIQUE AUSTRALE. — COLONIE DU CAP ; CAFRERIE.

L'AFRIQUE AUSTRALE, au S. de l'Équateur, comprend : la région la plus méridionale de l'Afrique, où
est la colonie du Cap ; — le grand bassin du Zambèze,
en y rattachant, à l'O., la Guinée inférieure ou Congo ;
à l'E., le Mozambique ; — la Haute-Afrique, dont une
partie seulement commence à être imparfaitement
reconnue.

La COLONIE DU CAP, fondée par les Hollandais en
1652, occupée par les Anglais depuis le commencement
de ce siècle, située à l'extrémité méridionale de l'Afrique, s'étend jusqu'au fleuve *Orange*, long de 1,700 kilom., mais trop peu profond. La superficie est de
572,000 kilomètres carrés ; la population, de 7 à 800,000
habitants. Les côtes sont assez découpées ; le cap de
Bonne-Espérance et le cap des Aiguilles sont les pointes
les plus méridionales de l'Afrique. La zone littorale
est fertile, bien arrosée, mais étroite ; puis on trouve

AFRIQUE
AUSTRALE
MADAGASCAR
Iles Mascareignes
Canal de Mozambique
OCÉAN INDIEN
OCÉAN
Contrée récemment explorée par Cameron
L'Angola
Congo
Congo
N. Angola
Benguela
Ovampos
Damaras
Kalahari
Désert de
Tropique
Résert de la
République
HOTTENTOTS
amaquas
CAP
Natal
Capricorne
du
Bénouli
Zaïre ou Congo Fl.
St. Salvador
St. Paul de Loanda
Coanza
St. Philippe de Benguela
Mossamedes
C. Negro
C. Frio
Bt. Walfisch
L. Ngami
Tioge Fl.
Zougu Fl.
Sescheke
Zambèze
L. Nyassa
L. Chirwe
L. Tanganyika
Mt. Kilima Ndjaro
I. Pemba
I. Zanzibar
I. Monfia
Quiloa
C. Delgado
Iles Comores
Mayotte (Fr.)
Nossi-Bé (Fr.)
C. d'Ambre
Bt. d'Antongil
I. Ste. Marie (Fr.)
Tamatave
Tananarive
Sofala
Sena
Quilimane
C. Corrientes
Bt. Delagoa
Port Natal
Port Elizabeth
Le Cap
Constance
Bt. de la Table
C. de Bonne Espérance
C. des Aiguilles
Groote Zwarte Berg
Nieuweveld
Mts. Drakenberg
Rép. du Fleuve Orange
Limpopo
L. Mauritius (Angl.)
Port-Louis
St. Denis
I. de la Réunion (Fr.)
C. Ste. Marie
Sakalaves
Betjuana
Iles Amirantes (Angl.)
10   20   30   40   50   60

des plateaux élevés, vastes plaines desséchées pendant
l'été, couvertes de pâturages pendant la saison des
pluies. Le climat est tempéré, très-sain, trop sec; les
pluies même deviennent très-rares. La flore est magnifique ; on récolte des céréales ; il y a quelques vignobles
renommés (Constance). Les nombreux troupeaux de
moutons donnent une laine excellente; on élève beaucoup de bœufs, mais on rencontre aussi beaucoup d'a-
nimaux sauvages. La population est surtout composée
de Hottentots ; les Anglais, qui ont enlevé cette colonie
aux Hollandais, en ont reculé les bornes aux dépens
des Cafres à l'E. (Cafrerie britannique), et, au N.-E.
(Griqualand-West). La capitale, *le Cap*, au fond de la
baie de la Table, est une relâche importante et le centre
d'un commerce actif; quelques petites villes sont prospères, surtout *Port-Élisabeth*, à l'E. Au N., on a découvert récemment des terrains à diamants. Le commerce est considérable.

La colonie anglaise de NATAL, à l'E., sur l'Océan Indien, dans la Cafrerie, peut être rattachée à la colonie
du Cap. C'est un pays assez fertile, qui a fait récemment de véritables progrès, et a pour villes principales
Maritzburg, la capitale, et le *Port-d'Urban*.

On appelle généralement CAFRERIE la région qui
s'étend au N.-E. de la colonie du Cap jusqu'au bassin
du Zambèze. Les Cafres (ou *infidèles*, ainsi nommés
par les Arabes), qui se distinguent des Hottentots et
des Noirs, semblent mieux disposés à la civilisation. Ils
sont divisés en plusieurs groupes considérables, habi-
tant de nombreux villages ou *Kraals* : les *Zoulous*, au
N. de la colonie de Natal, les *Bassoutos* à l'O., vers les

monts Drakenberg, les *Betjouanas*, plus à l'O. encore. C'est dans le pays de ces derniers que les colons hollandais ou *Boërs*, fuyant la colonie du Cap, ont récemment fondé les deux républiques de la *Rivière-Orange* dont la capitale est *Bloemfontein*, et de *Transvaal* plus au N., dont la capitale est *Potchefstroom*. Ce sont des régions de chasse et de pâturages. Ces républiques, au moins la dernière, semblent sur le point d'être annexées aux possessions anglaises.

Les HOTTENTOTS, qui habitaient jadis la plus grande partie du plateau de l'Afrique australe, ont été repoussés vers le N.-O. au delà du fleuve Orange. Ils sont laids, peu intelligents, malpropres, mais assez doux. Les *Namaquas* et les *Coranas* errent avec leurs troupeaux de pâturages en pâturages ; les *Ovampos*, qui se rattachent plutôt à la race noire, sont au N. du fleuve Orange ; les plus misérables des Hottentots, les *Boschi-mans* (hommes des buissons), sont poursuivis, comme des bêtes fauves, dans le désert de *Kalahari*, long de 800 kil., large de 600, repaire des bêtes sauvages.

§ 47. — RÉGION DU ZAMBÈZE. — POSSESSIONS PORTUGAISES.

Le *Zambèze* est le grand fleuve de l'Afrique australe; il a été parcouru par le célèbre voyageur Livingstone, qui a traversé toute cette région, depuis les possessions portugaises de la Guinée jusqu'à celles de Mozambique. Les sources du fleuve sont dans les montagnes peu éloignées de la côte occidentale, où naissent le Cunène, le Coanza, etc. Il coule du N.-O. au

S.-E., reçoit d'assez nombreux affluents, forme la belle cascade *Victoria*, et, après 2,500 kil. de cours, finit par un delta ensablé de 40 kil. de base. On peut y rattacher le bassin secondaire du lac *N'gami*, qui est au N. du désert de Kalahari; et le bassin du *Nyassa-Liwa* ou *Maravi*, lac de 300 kil. de longueur, près de l'Océan Indien, dont les eaux s'écoulent dans le Zambèze (rive gauche) par le *Chiré*.

Le Zambèze traverse des pays fertiles, mais malsains, peuplés, mais exposés aux ravages de la mouche *tzé-tzé*, qui fait périr les troupeaux. Il limite les tribus de race cafre, au S., des tribus de race nègre, au N.

Le région, séparée à l'O. du bassin du Zambèze par des chaines de montagnes assez confuses, s'étend sur la côte de l'Atlantique, du cap Frio au cap Lopez, sur une longueur de 2,200 kil. C'est la GUINÉE INFÉ-RIEURE ou CONGO, dont les rivages sont chauds et malsains, et qui est arrosée par le Cunène, le Coanza et plus au N. par le Congo ou Zaïré, qui semble venir du plateau de la Haute-Afrique. Le pays est assez fertile ; il est peuplé de tribus nègres, la plupart sauvages et abruties; il a été l'un des principaux centres de la traite.

On y trouve quelques villes : *Bouali* dans le LOANGO ; *Kinguélé*, dans le CACONGO *; San-Salvador*, dans le CONGO PROPREMENT DIT. Les Portugais étendent leur domination, souvent nominale, sur l'ANGOLA et le BENGUELA, où sont les ports de *Saint-Paul de Loanda*, de *Saint-Philippe de Benguela*, de *Mossamédès*.

Les Portugais sont également les maîtres de la côte orientale sur la mer des Indes, depuis la baie Delagoa

jusqu'au cap Delgado ; c'est ce qu'on nomme la CAPI-
TAINERIE DE MOZAMBIQUE. Le littoral est bas, marécageux, malsain; au S. du Zambèze sont des tribus cafres,
au N. des tribus nègres, plus au moins mal soumises.
Le siége du gouvernement est *Mozambique*, dans une
petite île insalubre.

§ 48. — CÔTES ORIENTALES DE L'AFRIQUE. — AFRIQUE INTÉRIEURE.

Au N. du bassin du Zambèze est la partie de l'Afrique, qu'on peut nommmer HAUTE-AFRIQUE. Elle commence à être un peu connue, soit par les voyageurs,
comme Livingstone, parti du bassin du Zambèze,
soit par les explorations de Burton, Stanley et Cameron, partis de la côte orientale.

Cette côte, depuis le Mozambique jusqu'à l'Abyssinie,
comprend trois pays : 1° le ZANGUEBAR, dont les rivages bas et marécageux sont bordés de quelques îles,
Monfia, Zanzibar, Pemba, Mombaz. Le pays se relève, en
s'éloignant de la mer, devient montagneux, a même des
sommets très-élevés, le *Kilima-Ndjaro* (6,160 mètres),
le *Kenia* (5,236 mètres), et est arrosé par des rivières
assez importantes, comme le *Loufidji*. La population
est mélangée de noirs, de Souahilis, d'Arabes. Le principal souverain est le sultan de Zanzibar, dont la capitale, *Zanzibar*, est un excellent port sur la côte O.
de l'île de ce nom. C'est de Zanzibar que les voyageurs
anglais sont partis pour faire leurs découvertes du
pays des Grands Lacs, sur les traces des marchands
arabes.

2º Le pays des Somaulis ou Somal s'étend au N. du Djoub jusqu'au cap Guardafui. Les Somaulis, mélange de noirs, de Gallas et d'Arabes, divisés en tribus, errent avec leurs troupeaux de pâturages en pâturages. — 3º Le pays des Adels ou des Danakils est sur le golfe d'Aden jusqu'à l'Abyssinie. Ces peuples, pillards et cruels, musulmans de religion, ont quelques ports, *Berberah*, *Tadjourah*, *Zeilah*, qui est maintenant au Khédive ; et, dans l'intérieur, *Adar* ou *Harar*, ville sainte, dont le commerce est assez actif.

La région de la Haute-Afrique commence à être reconnue, de la côte de Zanguebar aux Grands Lacs et de ces lacs au Congo. Il paraît maintenant certain qu'il y a là un pays, arrosé par de nombreux cours d'eaux, qui s'écoulent lentement et forment des lacs nombreux entre les bassins du Zambèze et du Nil supérieur, *Bangouéolo*, *Moero*, *Oulenghé*, *Iki*, *Kassali*, *Lohemba*, et surtout *Tanganyika*. Ce dernier, le plus oriental et le plus grand, a plus de 500 kil. de longueur, sur 50 à 80 de largeur. Il reçoit beaucoup d'affluents, mais s'écoule lui-même vers l'O. par une rivière, que le voyage récent du commandant Cameron rattache au Congo ou Zaïré. Le pays, assez fertile, assez malsain, est habité par de nombreuses tribus de nègres, qui ont même quelques villes ou bourgades.

§ 49. — Les îles de l'Afrique.

1º Les îles de l'Afrique, situées à l'O. dans l'Océan Atlantique, sont en général peu étendues ; — l'archipel des *Açores*, découvert définitivement par les Portugais, en 1432, est à 800 kilomètres S.-O. des côtes de Portugal, et plus éloigné du Maroc. Les neuf îles, Sainte-Marie, Saint-Michel, Terceira, Saint-George, Graciosa, Fayal, Pico, Corvo et Florès, montueuses, volcaniques, d'un climat tempéré, fertiles, forment un gouvernement colonial du Portugal, de 2,581 kilomètres carrés, avec 250,000 habitants. Les villes principales sont: *Angra*, la capitale, dans Terceira ; 12,000 habitants ; — *Ponta-Delgada*, dans Saint-Michel, ville de commerce; 16,000 habitants; *Ribeira-Grande ;* —dans Fayal, l'excellent port de *Horta*.

Le groupe de MADÈRE, également aux Portugais, à 700 kil. de la côte d'Afrique, comprend deux îles, Madère, Porto-Santo, et quelques îlots. Madère, montueuse, volcanique, avec un climat doux, presque toujours égal, a été découverte en 1419. On y voit une foule d'arbres fruitiers ; la vigne, produisant d'excellents vins, a presque partout disparu par suite des maladies, mais la culture de la canne à sucre est prospère. La population ne dépasse pas 115,000 hab.; la capitale, *Funchal*, a 20,000 hab.

L'archipel des CANARIES, probablement les îles *Fortunées* des anciens, situé au S.-E. de Madère, à 150 kil. de la côte, comprend sept îles habitées, Lanzarota, Fuerteventura, la Grande-Canarie, Ténériffe, Gomère, Palma, Hierro, ou île de Fer, et quatorze îlots. Elles sont montueuses; dans Ténériffe est le pic de *Teyde* ou d'*Echeyde*, haut de 3,710 mètres. Le climat est chaud, mais sain ; la terre est fertile en blés, en vignes qui donnent de bons vins ; les bestiaux sont estimés, la mer voisine est très-poissonneuse. La superficie est de

7,273 kilom. carrés; la population de 270,000 habitants. Découvertes en 1395 par les Espagnols, cédées au Normand Jean de Béthencourt en 1417, elles furent toutes conquises définitivement par les Espagnols qui firent disparaître les anciens habitants, les *Guanches*, probablement de race berbère. Elles forment la 49e province de l'Espagne. Les villes principales sont: dans la Grande-Canarie, *Las Palmas*, avec 15,000 habitants; dans Lanzarota, *Téguise*, 16,000 habitants; dans Fuerteventura, *Santa-Maria de Betencuria*; dans Palma, *Santà-Cruz*; dans Ténériffe, *Sainte-Croix*, capitale de tout l'archipel, et *Laguna*.

L'archipel des ÎLES DU CAP VERT, à 480 kil. du cap de ce nom, est composé de 10 îles volcaniques, fertiles dans les vallées, mais sous un climat chaud et malsain, au milieu d'une mer redoutée, à cause de ses calmes longs et lourds. Les îles sont : Boavista, San-Antonio, San-Vicente, Santa-Lucia, San-Nicolao, Sel, Mayo, Puerto-Praya, Fuego et Brava; elles ont 4,274 kil. carrés et 70,000 habitants; elles appartiennent aux Portugais qui les découvrirent en 1450. La capitale de l'archipel, Santiago, a 2,000 habitants.

Il y a quatre petites îles dans le golfe de Guinée : FERNANDO-PO, à 45 kil. de la côte, boisée, fertile, appartient aux Espagnols ; — L'ÎLE DU PRINCE, au S.-O., est montueuse, sous un climat chaud et malsain ; — SAINT-THOMAS, plus au S., a 12,000 habitants et pour capitale *Saint-Thomas* ou *Chavès* ; elles appartiennent toutes deux aux Portugais ; — ANNOBON, haute terre d'un climat salubre, peuplée de nègres, est aux Espagnols.

L'Ascension, au S.-O. du golfe de Guinée, à 1,400 kil. de la côte, longtemps stérile, a maintenant quelques arbres; elle est connue par ses tortues; c'est une relâche excellente pour l'escadre anglaise du golfe.

Sainte-Hélène, à 1,200 kil. S.-E., à 1,700 kil. de la côte d'Afrique, a 36 kil. de circonférence; d'origine volcanique, elle est entourée de rochers à pic et accessible sur un seul point. Une chaîne de montagnes la traverse entre deux plaines; Napoléon Ier vécut et mourut en 1821, dans la plus grande, celle de Longwood. Elle appartient aux Anglais; la capitale est *James-Town*; la population est de 6 à 7,000 habitants.

Les îles Tristan d'Acunha, à 2,500 kil. S.-O., sont des rochers d'origine volcanique; le climat est doux. Les Anglais y ont fondé, en 1817, un établissement pour le ravitaillement des navires.

2° Dans la mer des Indes est la plus grande des îles africaines, Madagascar. Séparée du continent par le large canal de Mozambique, elle a 1,400 kil. du cap d'Ambre, au N., jusqu'au cap Sainte-Marie, au S. La superficie dépasse 400,000 kilom. carrés. La région du N. et de l'E., de formation granitique, est assez tourmentée; la région du S. et de l'O. est relativement plate. Le versant oriental, peu étendu, bien arrosé, a de belles rizières; le versant occidental a peu de cours d'eau et est souvent stérile. Il y a des sommets de 2,400 à 2,500 mètres de hauteur; mais la masse centrale des montagnes est dénudée et le plateau du S. est aride. Les côtes ont beaucoup de baies et de rades; à l'E., celles de Diego-Suarez, d'Antongil, de

Tamatave, de Sainte-Luce ; — au S., celles de Fort-Dauphin, des Galions ; — à l'O., celles de Saint-Augustin, Bombetok, etc. A l'E., surtout, elles sont marécageuses et malsaines ; sur les plateaux le climat est meilleur.

L'île renferme d'assez grandes richesses minérales, fer, houille, cuivre, plomb, étain, mercure, etc. — On y cultive tous les végétaux propres aux zones chaudes et tempérées ; les forêts renferment de nombreuses espèces de bois. — Au centre surtout sont de beaux pâturages où on élève des bœufs, des moutons à grosse queue. des onagres ; il y a beaucoup de volailles, des abeilles, des vers à soie.

La population (peut-être 3 à 4 millions) se compose de *Malgaches*, noirs indigènes, qui se distinguent de ceux de l'Afrique ; — de *Sakalaves*, à l'O., noirs, mélangés de Malgaches et de noirs venus de la côte d'Afrique ; — de *Hovas*, habitants des plateaux intérieurs, d'un type particulier qui les a fait rapprocher des Malais ; belliqueux et intelligents, ils ont soumis une grande partie de l'île. Malgré les efforts des missionnaires et les décrets récents de la reine Ranavolo II, la religion de presque tous les habitants est le fétichisme.

La capitale des Hovas est TANANARIVOU, sur le plateau central ; c'est un assemblage de petites bourgades, peuplées de 70,000 habitants ; — *Tamatave*, port de l'E., fait un commerce actif, de bœufs surtout, avec les îles voisines ; — *Tintingue, Foulpointe, Fort-Dauphin*, au S.-E., ont été des établissements français ; — *Mazangaye* est un port de commerce à l'O. ;

— *Boueni*, au N.-O., est la capitale d'un petit État sakalave, protégé par la France.

Les Français, qui ont des droits sur Madagascar, ont conservé sur la côte N.-E. l'île SAINTE-MARIE, longue de 48 kilomètres, peuplée de 6,000 Malgaches réfugiés. Le chef-lieu, *Port-Louis*, a un assez bon port sur la côte de l'O.

Sur la côte N.-O. de Madagascar, la France possède quelques petites îles, NOSSI-KUMBA, NOSSI-MITSIOU, NOSSI-BÉ, assez bien cultivée, avec 15,000 habitants, et le port d'*Hellville*.

On a réuni ces petites îles à Mayotte pour en faire le gouvernement de MAYOTTE ET DÉPENDANCES.

Mayotte est l'une des COMORES, au N. du canal de Mozambique, îles montueuses, volcaniques, assez fertiles. MAYOTTE, à la France depuis 1845, à 300 kil. O. de Madagascar, a 12,000 habitants et pour chef-lieu le port de *Dzaoudzi*. Les autres Comores, la GRANDE-COMORE, MOHILLA et ANJOUAN, peuplées de 40,000 habitants, Arabes et nègres esclaves, sont gouvernées par un sultan arabe.

Les îles MASCAREIGNES, à l'E. de Madagascar, sont au nombre de trois : la Réunion, Maurice et Rodrigue.

La RÉUNION, ou ILE BOURBON, à la France, à 600 kil. de Madagascar, montueuse et volcanique, a 2,512 kil. carrés. Le centre, appelé Pays-Brûlé, est dominé par le Piton-des-Neiges, le Gros-Morne et les Trois-Salazes; le Piton-de-la-Fournaise est un volcan actif dans le Grand-Brûlé, à l'E. Les côtes sont mauvaises, sans ports, sans rades. L'île bien arrosée, est fertile en cannes à sucre, café, cacao, vanille, tabac, etc. Il y a de beaux bois de construction. Le climat est généralement sain.

La population, de 210,000 habitants environ, se compose de blancs, d'engagés, Indiens ou Chinois, et de nègres ou mulâtres. Les villes principales sont : *Saint-Denis*, la capitale, au N.-O., ville maritime sans port ; 36,000 habitants ; — *Saint-Pierre*, au S. ; 28,000 habitants ; — *Saint-Paul*, 25,000 habitants ; — *Saint-Benoît*, 20,000 habitants.

Le commerce général s'élève à environ 80 millions.

L'ILE MAURICE, ancienne *Ile de France*, à 180 kil. N.-E. de la Réunion, aux Anglais depuis 1814, a 1,834 kil. carrés ; elle a des rades et de bons ports. Elle est montueuse, volcanique, bien arrosée, sous un climat très-sain. Elle produit beaucoup de sucre, de café, de l'indigo, du coton, des muscades, etc. La population est de 323,000 habitants, dont 60,000 noirs et mulâtres, 32,000 créoles, la plupart d'origine française, et 215,000 immigrants, Indiens, Chinois, Africains, etc. C'est une relâche excellente ; le commerce est de plus de 120 millions de francs. La capitale, *Port-Louis* ou *Port-Nord-Ouest*, port de commerce excellent, a 70,000 habitants.

RODRIGUE, à 550 kil. N.-E. de Maurice, n'a que 500 habitants.

Le gouvernement colonial de Maurice comprend encore les Seychelles, les Amirantes et les îles Chagos. — Les SEYCHELLES, à 600 kil. N.-E. de Madagascar, forment un groupe de 30 petites îles, entourées de récifs ; la plus grande, MAHÉ, a pour capitale le *Port-Victoria* ; — les AMIRANTES sont des îlots coralloïdes. Ces îles, colonisées par les Français au XVIIIᵉ siècle, appartiennent à l'Angleterre ; — les îles Chagos, au S. des Maldives, pourraient être rattachées à l'Asie ; elles ont beaucoup de cocotiers et sont habitées par des colons d'origine française.

Socotora, à 200 kil. N.-E. du cap Guardafui, a 1,600 kil. carrés ; elle est montueuse, aride et peuplée seulement de 4 à 5,000 Arabes. Elle paraît dépendre de l'iman de Mascate.

Saint-Paul et la Nouvelle-Amsterdam sont des îles volcaniques, boisées, inhabitées, à 2,500 kil. au S. de La Réunion, sur la route du Cap vers l'Australie.

La Terre de Kerguelen ou île de la Désolation, à 3,000 kil. S. de La Réunion, longue de 160 kil. sur 80 de largeur, stérile, inhabitée, pourrait être rattachée aux Terres Antarctiques.

§ 50. — Principaux objets d'échange avec l'Europe.

L'Afrique n'est véritablement exploitée que sur les côtes par le commerce des Européens. Aussi ne parlerons-nous pas ici des routes de l'intérieur suivies par les caravanes à travers les déserts et les oasis du Sahara, ou conduisant aux marchés soit de l'Égypte, soit des côtes orientales ou occidentales ; nous ne parlerons pas non plus des tentatives isolées faites jusqu'à présent par quelques voyageurs intrépides pour nouer quelques relations commerciales avec les peuplades de l'intérieur.

Le Maroc échange ses produits et ceux qui lui arrivent du Soudan, par les caravanes qui traversent le

Sahara, dans les ports de Mogador, Casa-Blanca, Salé, Rabat, Tanger surtout. Le commerce extérieur est presque entièrement entre les mains des Anglais ; on exporte des laines, des cuirs, de l'huile d'olive, des écorces à tanner, des bois d'ébénisterie et de marine, des plantes textiles, tinctoriales et médicinales, des blés, des légumes secs, des graines, des gommes, des plumes d'autruche, de l'ivoire, de la poudre d'or ; — puis quelques produits manufacturés, tissus de laine et de soie, fez, burnous, haïks ou pièces d'étoffe de couleurs brillantes qui couvrent l'Arabe de la tête aux pieds (à Fez, à Rabat) ; broderies sur cuirs et velours, tapis, cuirs marocains (à Fez, Maroc, Tafilelt), poterie grossière, etc. Nous nommerons seulement une route, en partie commerciale, qui du Maroc se dirige vers l'E. par l'oasis de Touât ou par le Sahara algérien vers Ghadamès, et de là par le désert de Libye vers le Caire ; c'est la route suivie par les nombreux pèlerins de la Mecque, qui ne prennent pas la voie de mer.

Nous parlerons autre part du commerce de l'Algérie française. — La Tunisie exporte par les ports de Tunis, Bizerte, Porto-Farina, Hammâmet, Monastir, Sfaks, des grains, de l'huile, des dattes, des essences de rose, des jarres, des éponges, etc.

Tripoli et Benghazy, où aboutissent plusieurs des routes du Sahara, échangent des céréales, de l'ivoire, de la laine, du fer, des bestiaux, des plumes d'autruche, etc., avec Malte, l'Italie, la Turquie.

Le commerce de l'Égypte est beaucoup plus considérable. Il se fait surtout par Alexandrie, qui est pour ainsi dire le seul marché de l'Égypte avec l'Europe. Les exportations consistent en coton, laines, natron, séné, ivoire, café d'Arabie, gomme dite arabique qui vient du Kordofan et du Nil supérieur, ivoire, sésame, dattes, cire, écailles de tortue, encens, essences de rose, céréales. — Plusieurs grandes routes de caravanes aboutissent en Égypte: celles du Ouâdaï et du Dâr-Four, par les oasis vers Syout et le Caire ; — celles du Dâr-Four et du Kordofan, par Khartoum et la grande Oasis; — c'est aussi par Khartoum que viennent les produits du Haut-Nil, écaille, gomme, plumes d'autruche, surtout ivoire et même esclaves, malgré les défenses récentes du Khédive, etc. — Du Nil, des routes conduisent les pèlerins, qui arrivent des différentes parties de l'Afrique musulmane, soit par l'isthme de Suez, soit vers les ports de Kosséir et de Souàkim, qui communiquent avec Djeddah sur la côte d'Arabie. — Le commerce de l'Égypte se fait surtout avec l'Angleterre, la France, l'Italie, l'Autriche, la Turquie, les côtes de Syrie et de l'Afrique septentrionale.

Sur les côtes occidentales de l'Afrique (Sénégambie et Guinée), le commerce, qu'on appelle souvent *la troque*, ne se fait que dans les comptoirs européens, français, anglais, portugais. On exporte des graines oléagineuses, arachides dont on fait de l'huile, béref, sésame, noix de palme, de la gomme tirée surtout des grandes forêts d'acacias situées au N. du Sénégal et vendue par les Maures aux escales du fleuve, des peaux, des bois de teinture, de l'ivoire, du caoutchouc, un peu d'or, un peu de coton, des plumes d'animaux, etc.

Des possessions portugaises au S.-O. on exporte de l'orseille, du coton, de l'ivoire, etc.

Les Anglais, maîtres de l'extrémité méridionale de l'Afrique, ont le monopole du commerce de cette région. Ils exportent des laines fines pour plus de 50 millions, du coton, des bestiaux, du sucre, du café, des vins, de l'arrow-root, des plumes d'autruche, des diamants, récemment découverts au N. de la colonie du Cap, etc. Le commerce des côtes orientales d'Afrique est peu considérable, soit dans la capitainerie portugaise de Mozambique, soit dans les pays situés plus au N. Ici, comme à Zanzibar et dans les autres petits ports de ces parages, il est surtout entre les mains des Arabes et des Banians, venus de l'Inde, qui reçoivent des trafiquants arabes ou indigènes, allant dans l'intérieur des terres, de l'ivoire, des bœufs, des moutons, des peaux, des cuirs, du suif, du miel, de l'écaille, de l'ambre gris, de l'huile, de la gomme copal, et des esclaves noirs.

Les îles qui se rattachent au continent africain, ont été les premières exploitées par les Européens, et plusieurs ont donné lieu à un commerce considérable. On exporte des Açores des grains, des fruits, des oranges, des citrons, des vins, du miel, des viandes salées, etc., surtout pour le Brésil, le Portugal, l'Angleterre ; — de Madère, du sucre et des vins ; — des Canaries, du vin, de l'orseille, des bestiaux ; — des îles du Cap-Vert, du coton, de l'indigo, des oranges, du sel, de l'orseille, du corail, de l'huile de palme.

Dans l'Océan Indien, Madagascar fait un commerce assez important de ses produits agricoles et de bœufs, surtout avec la Réunion, Maurice, les Seychelles. — On exporte de la Réunion et de Maurice du sucre, du café, de la vanille, du coton, de l'indigo, des muscades, des girofles, etc. ; les Seychelles donnent des cocos de mer à double noix ; — l'aride Socotora, des dattes et de l'aloès.

CHAPITRE IX

AMÉRIQUE. — Amérique septentrionale. — Géographie physique. — États ; villes principales. — Possessions des Européens.

L'AMÉRIQUE, qu'on appelle encore le *Nouveau Monde*, s'étend dans la direction du N. au S., entre l'Océan Atlantique, qui la sépare de l'Europe et de l'Afrique, à l'E. ; le Grand Océan, à l'O. ; elle touche presque à l'Asie vers le N.-O., à l'endroit où le *détroit de Behring* unit le Grand Océan à l'Océan Glacial Arctique.

Elle comprend deux parties bien distinctes, deux continents de forme triangulaire, réunis par *l'isthme étroit de Panama :* l'Amérique septentrionale et l'Amérique méridionale. On donne souvent le nom d'Amérique centrale à la longue bande de terre qui s'étend de l'isthme de Tehuantepec à l'isthme de Panama, ainsi qu'aux îles nombreuses (grandes et petites Antilles), qui n'appartiennent en réalité ni à l'Amérique du Nord ni à l'Amérique du Sud.

§ 51. — AMÉRIQUE SEPTENTRIONALE. — DESCRIPTION SOMMAIRE DES CÔTES. — LES TERRES ARCTIQUES. — LES MONTAGNES. — LES GRANDES RÉGIONS.

L'AMÉRIQUE SEPTENTRIONALE, comme l'Europe, mais à un moindre degré, a des côtes développées :

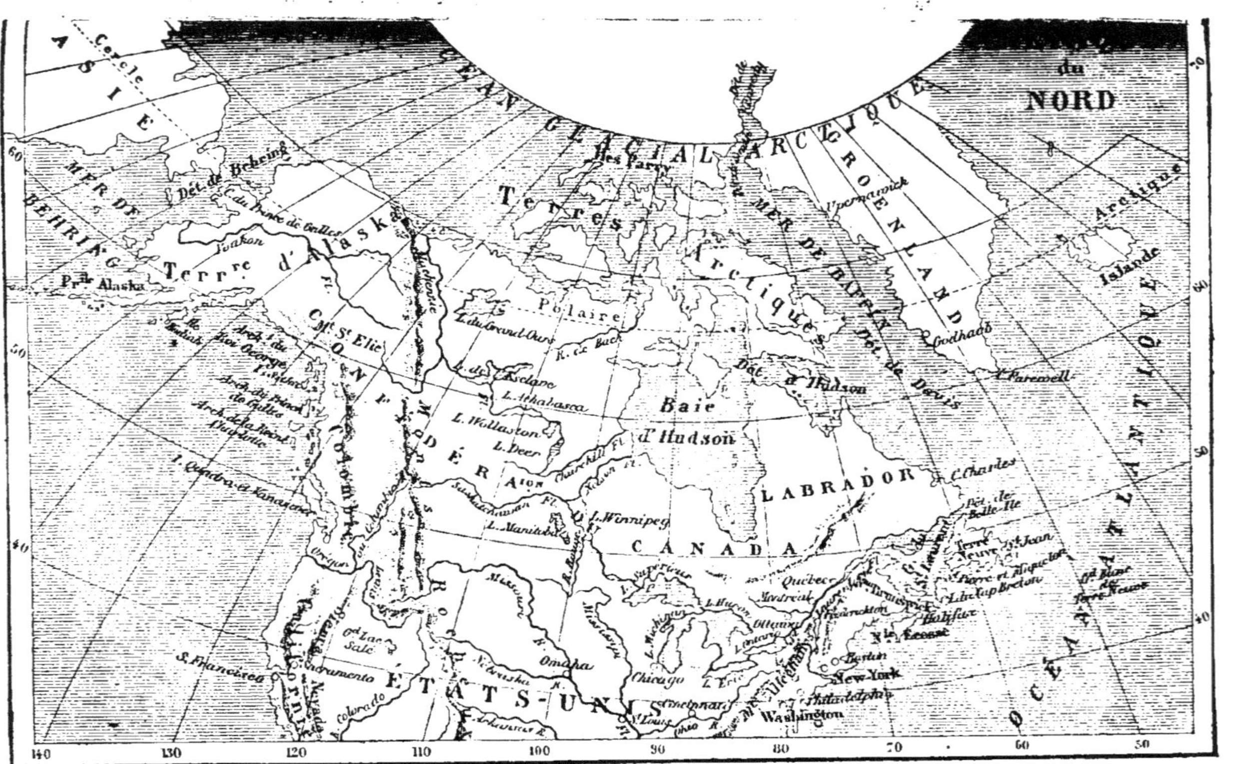

du NORD
OCÉAN GLACIAL ARCTIQUE
GROENLAND
MER DE BAFFIN
Dét. de Davis
OCÉAN ATLANTIQUE
ASIE
Cercle
MER DE BEHRING
Dét. de Behring
C. du Prince de Galles
Terre d'Alaska
Pte Alaska
Yukon
Arctique
Islande
Upernawick
Godhaab
C. Farewell
Terres Arctiques
Iles Parry
Polaire
L. du Grand Ours
R. de Back
Mackenzie
L. des Esclaves
L. Athabasca
L. Wollaston
L. Deer
Baie
Dét. d'Hudson
Cap St Elie
Arch. du Roi George
Arch. du Prince de Galles
Arch. de la Reine Charlotte
L. Quadra et Vancouver
Colombie
MONTAGNES ROCHEUSES
Fl. d'Hudson
Churchill Fl.
Nelson Fl.
LABRADOR
C. Charles
Saskatchewan Fl.
L. Winnipeg
L. Manitoba
CANADA
Dét. de Belle Ile
Terre Neuve
St Jean
St Laurent
Pierre et Miquelon
L. du Cap Breton
Missouri
Oregon
Grand Lac Salé
Nevada
Californie
S. Francisco
Sacramento
A. Colorado
ÉTATS-UNIS
Nebraska R.
Omaha
Mississipi
L. Supérieur
L. Michigan
L. Huron
L. Ontario
L. Erie
Québec
Montréal
Ottawa
Fredericton
Halifax
Ne Écosse
Berlin
New York
Philadelphie
Chicago
Cincinnati
St Louis
Ohio R.
Washington
Arkansas R.

au N., l'Océan Glacial, avec ses îles nombreuses, les
Terres Arctiques, forme la vaste *mer d'Hudson*, qui
communique à l'Atlantique par le détroit du même
nom; — à l'E., l'Atlantique forme le *golfe du Saint-
Laurent* et des baies nombreuses sur la côte des États-
Unis, jusqu'au cap Sable, à l'extrémité de la presqu'île
de Floride, avec les îles de Terre-Neuve, Anticosti, du
Prince-Edouard, du Cap-Breton, avec les Bermudes,
loin de la côte; — au S., *le golfe du Mexique* est
comme une mer intérieure, entre les presqu'îles de
Floride et du Yucatan; — à l'O., le Grand Océan forme
le golfe allongé de *Californie* entre le continent et la
longue presqu'île de la Vieille-Californie; plus au N.
le rivage est dentelé comme celui de la Scandinavie et
présente des îles nombreuses, Quadra-et-Vancouver,
de la Reine-Charlotte, du Prince-de-Galles, du Roi-
George; puis il se rapproche de l'Asie par la presqu'île
d'Alaska, les îles Aléoutiennes et la mer de Behring.

Les TERRES ARCTIQUES sont séparées du continent
américain par une suite de détroits toujours glacés, à
travers lesquels on a vainement cherché le passage du
Nord-Ouest; on a reconnu, seulement en 1853, qu'il
existe, mais qu'il est impraticable, à cause des glaces.
Ces îles désolées, toujours couvertes de neiges et de
glaces, sur lesquelles on ne trouve que quelques animaux, sont parcourues par de misérables ESKIMAUX,
ou parfois visitées par de hardis pêcheurs de baleines
et par les intrépides explorateurs, qui se dirigent vers
le Pôle Nord. La plus grande de toutes est le GROËN-
LAND (Terre verte), reconnu, colonisé même, dès le
XIᵉ siècle, par les Danois et les Islandais; c'est une

terre immense, d'origine volcanique, terminée au S. par le cap *Farewell* (cap des Adieux), et dont on ignore l'étendue vers le N. ; elle est couverte de montagnes élevées, de glaciers impraticables; les côtes de l'O., sur le *détroit de Davis* et la *mer de Baffin*, ont un climat un peu moins rude, quelques plantes et quelques habitants, Eskimaux à demi-civilisés par les Danois qui y possèdent quelques pauvres établissements. — C'est par ces mers, presque toujours glacées, qu'on cherche, dans un but scientifique, une route qui conduirait vers le Pôle Nord : par le détroit de Behring on a été bien vite arrêté par la ceinture de glace, qui bouche le passage; — par la mer de Baffin et les détroits à l'O. du Groënland, Kane, Hayes, etc., sont arrivés jusque vers 82° 30′ lat. N. ; — enfin par la route, qui est entre la côte orientale du Groënland et l'Europe on s'est également avancé jusqu'à l'*archipel du Spitzberg*, et on a récemment découvert un autre archipel, celui de l'*Empereur François-Joseph*, entre 81° et 83° lat. N. Mais on ne sait pas encore s'il y a des terres aux environs du Pôle; s'il est entouré d'une mer et si cette mer est libre, comme plusieurs l'ont prétendu sans raison suffisante.

Dans l'Amérique du Nord les plaines ont d'immenses étendues; les plateaux élevés sont peu nombreux; les montagnes ne dominent pas. Le relief des terres est surtout déterminé par un vaste plateau, très-allongé du N.-O. au S.-E., dans le voisinage du Grand Océan; ordinairement large de 400 à 600 kil., il a 1,600 kil. vers le 40e parallèle. Ce plateau est soutenu par deux chaînes principales: l'une, littorale, venant de la presqu'île d'Alaska, renferme le mont *Saint-Elie*, volcan de 5,115 mètres, prend le nom de *Chaîne des Cascades*, se divise en *Sierra Nevada*, à l'E., et *Coast-range* (chaîne de la côte), à l'O., forme la presqu'île de Vieille-Californie et rejoint le plateau du Mexique. — La chaîne orientale, plus élevée, plus épaisse, porte le nom général de *Monts Rocheux* ; elle renferme de belles forêts et surtout des pins magnifiques.

A l'E. des montagnes s'étendent des plaines immenses jusqu'aux monts *Alléghanys*, voisins des rivages de l'Atlantique, sorte de plateau accidenté, long de 1,800 kil., large de 200 à 250, riche en mines, couvert de forêts, fertilisant des eaux qui en découlent les terres les plus fécondes des États-Unis.

Ces montagnes déterminent les grandes régions hydrographiques : 1º La Région orientale, entre les Alléghanys et la mer, est arrosée par beaucoup de fleuves presque parallèles, d'une longueur médiocre, mais larges, profonds, navigables, le *Connecticut*, l'*Hudson*, le *Delaware*, la *Susquehannah*, etc. — 2º La Région centrale, entre les Alléghanys et les monts Rocheux, arrosée principalement par le *Mississipi* et ses affluents, puis par le *Rio-Grande-del-Norte*, limite de la région des plaines et du plateau Mexicain. — 3º La Région septentrionale, à peine séparée de la précédente par des hauteurs imperceptibles, qui déterminent la pente des eaux vers l'Océan Glacial. C'est une vaste plaine, basse, marécageuse, stérile, où les fleuves coulent lentement, comme en Sibérie, communiquent facilement entre eux, et s'étendent en lacs nombreux et considérables, lacs du *Grand-Ours*, de l'*Esclave*, *Atha basca, Wollaston, Deer, Churchill, Winnipeg, Manito-ba*, etc. Les plus grands de ces fleuves sont l'*Athabasca* ou *Mackenzie*, qui finit dans l'Océan Glacial, et le *Sas-katchawan* ou *Nelson*, tributaire de la mer d'Hudson. — 4° Entre les trois régions précédentes se trouve le bassin plus resserré des GRANDS LACS, qui comprend la plus grande masse d'eau douce qu'il y ait sur le globe, lacs *Supérieur, Michigan, Huron, Erié, Ontario;* elle se déverse par la fameuse chute du Niagara et forme un grand fleuve, le *Saint-Laurent*, qui finit par une large embouchure dans le golfe de ce nom. — 5° Le vaste PLATEAU DES MONTAGNES ROCHEUSES et la bande étroite des terres du littoral sont arrosés par le *Youkon* (territoire d'Alaska), le *Stekeen*, le *Frazer* (Colombie anglaise), l'*Orégon* ou *Columbia*, le *Rio-Sacramento* et le *Rio-Colorado* (États-Unis). — 6° Le plateau montueux du Mexique, au S.-O., forme une dernière région.

§ 52. — POSSESSIONS ANGLAISES DE L'AMÉRIQUE SEPTENTRIONALE.

Les Anglais possèdent toute la région septentrionale de l'Amérique du Nord; c'est ce qu'on appelle souvent la NOUVELLE-BRETAGNE, dont les différentes parties forment de nos jours une confédération politique sous le nom de *Dominion of Canada* (Empire du Canada).

Le CANADA, proprement dit, comprend toute la partie septentrionale du bassin des Grands-Lacs et du Saint-Laurent. Ce fleuve magnifique, long de 1,200 kil., large de 12 kil. jusqu'à Québec, de 60 à 70 au-des-

AMÉRIQUE DU NORD et AMÉRIQUE CENTRALE
OCÉAN ATLANTIQUE
GRAND OCÉAN
LABRADOR
CANADA
ÉTATS-UNIS
CONFÉDÉRATION
Baie d'Hudson
Floride
Golfe du Mexique
MER DES ANTILLES
Iles Lucayes ou Bahama
Californie
Texas
MEXIQUE
Rocky Mountains
Californie
Nelle Ecosse
Nouveau-Brunswick
Québec
Montréal
Boston
New-York
Philadelphie
Washington
Richmond
C. Hatteras
Charleston
Nlle Orléans
St Louis
Chicago
Cincinnati
Omaha
Guatemala
Comayagua
Mexico
Puebla
Acapulco
Guadalajara
Tampico
Vera Cruz
Yucatan
Cuba
Haïti
La Jamaïque
Porto-Rico
La Guadeloupe
La Martinique
I. Bermude
Winnipeg
L. Manitoba
L. Wollaston
L. Deer
Gd Lac Salé
Missouri
Arkansas R.
Ohio R.
Rivière Rouge
Colorado
Sacramento
S. Francisco
L. Supérieur
L. Michigan
L. Huron
L. Érie
L. Ontario
150 140 130 120 110 100 90 80 70 60 50 40

sous, serait une excellente voie de communication, s'il n'était couvert de glaces pendant 6 mois. Le Canada, dont la superficie est de 780,000 kil. carrés, a un climat sain, mais âpre et froid; il est riche en mines, en forêts magnifiques, qui fournissent d'excellents bois de construction, en céréales, en légumes, en fruits; il renferme beaucoup d'animaux à fourrure. La population est d'environ 3 millions d'habitants, dont beaucoup sont d'origine française et catholiques. Il est divisé en deux parties: le BAS-CANADA, à l'E., a pour villes principales *Québec*, port de guerre et de commerce sur le Saint-Laurent, d'où l'on exporte beaucoup de bois et de fourrures; 75,000 hab.; *Montréal*, plus haut sur le fleuve, grand centre d'industrie et de commerce; 120,000 hab.; — le HAUT-CANADA, à l'O., a pour villes *Toronto*, *Kingston*, *Hamilton*, sur le lac Ontario; OTTAWA, sur l'Ottawa, affluent de gauche du Saint-Laurent, capitale de toute la confédération.

Le NOUVEAU-BRUNSWICK, sorte de presqu'île entre le fleuve et le golfe du Saint-Laurent et la baie de Fundy, pays froid, mais riche en mines et en bois, a 290,000 habit. La capitale, est *Fredericktown;* mais la plus grande ville est le bon port de *Saint-John,* à l'embouchure de la rivière de ce nom.

La NOUVELLE-ÉCOSSE, presqu'île au S.-E. du Nouveau-Brunswick, est surtout remarquable par ses belles forêts. La capitale, *Halifax,* a un excellent port fortifié; c'est la principale station navale des Anglais dans ces parages. Avec l'île ROYALE ou du CAP-BRETON, qui est comme le prolongement de la Nouvelle-Écosse, la population est de 390,000 habit.

L'île du Prince-Edouard, au N. du Nouveau-Brunswick, dans le golfe du Saint-Laurent, a un climat
plus doux et produit beaucoup de grains. La capitale
est *Charlottetown*.

L'ancien territoire de la compagnie de la baie d'Hudson forme maintenant ce qu'on nomme Territoires
du Nord-Ouest. Ces plaines boréales, d'une superficie
de 7,600,000 kil. carrés, sont des terres presque
partout glacées, où l'hiver sévit pendant neuf à dix
mois, et qui se changent pendant un court été en fon-
drières mouvantes. La zone, voisine des États-Unis,
arrosée par le Saskatchawan, peut seule être fertilisée par la culture. La Compagnie a établi 200 postes
environ, où ses agents reçoivent les fourrures des
mains de 5 à 6,000 chasseurs ou trappeurs, et fournissent quelques objets de première nécessité aux
sauvages, Eskimaux ou Indiens, qui errent dans ces
immenses solitudes, depuis les Grands Lacs jusqu'aux
monts Rocheux. — Il en est à peu près de même du
Labrador, vaste presqu'île de 1,200,000 kil. carrés, au
N.-E. de l'Amérique, entre la mer d'Hudson et l'Atlantique, couverte de rochers, de mousses, de lacs, avec
quelques maigres forêts de pins.

La colonie de la *Rivière Rouge*, près du lac Winni-
peg, assez fertile, assez prospère, fait partie de la
Confédération du Canada, sous le nom de Province de
Manitoba.

La Colombie Anglaise, entre les Monts Rocheux
et le Grand Océan, avec le Territoire de Stekeen,
au N., et l'île Quadra-et-Vancouver, fait également
partie de la Dominion of Canada. C'est une belle région

forestière, d'un climat assez doux, où l'on cultive les céréales, les légumes et les fruits d'Europe, où l'on a récemment trouvé des mines d'or. La capitale est *New-Westminster*, près de l'embouchure du Frazer.

L'île de TERRE-NEUVE est encore en dehors de la confédération, mais ne peut tarder à y être réunie. Elle forme une espèce de triangle, de 104,000 kil. carrés, qui ferme le golfe du Saint-Laurent. La population de 146,000 habitants est répartie sur les côtes ; l'intérieur est peu connu. La capitale est *Saint-John*, bon port au S.-E. Les côtes sont découpées par beaucoup de baies étroites où plus de 3,000 navires, français, anglais, américains, viennent préparer les morues, qui sont pêchées sur le *grand banc de Terre-Neuve*, situé au S.-E. de l'île, long de 900 kil. et large de 300 à 400. — Dans l'intérêt de cette pêche la France possède au S. de Terre-Neuve les petites îles de *Miquelon* et *Saint-Pierre*.

Enfin, à 950 kil. des côtes d'Amérique, les Anglais ont le petit archipel des BERMUDES, peuplées de 15,000 habit., importantes surtout au point de vue militaire.

§ 53. — LA RÉPUBLIQUE DES ÉTATS-UNIS. — LES DIFFÉRENTS ÉTATS ET LEURS VILLES PRINCIPALES.

La république des ÉTATS-UNIS a pour limites : au N., la Nouvelle-Bretagne ; à l'E., l'Océan Atlantique ; au S., le golfe du Mexique et le Mexique ; à l'O., le Grand Océan. C'est une vaste contrée, de 8 millions de kilom. carr., qui avec le territoire d'Alaska, l'ancienne Amé-

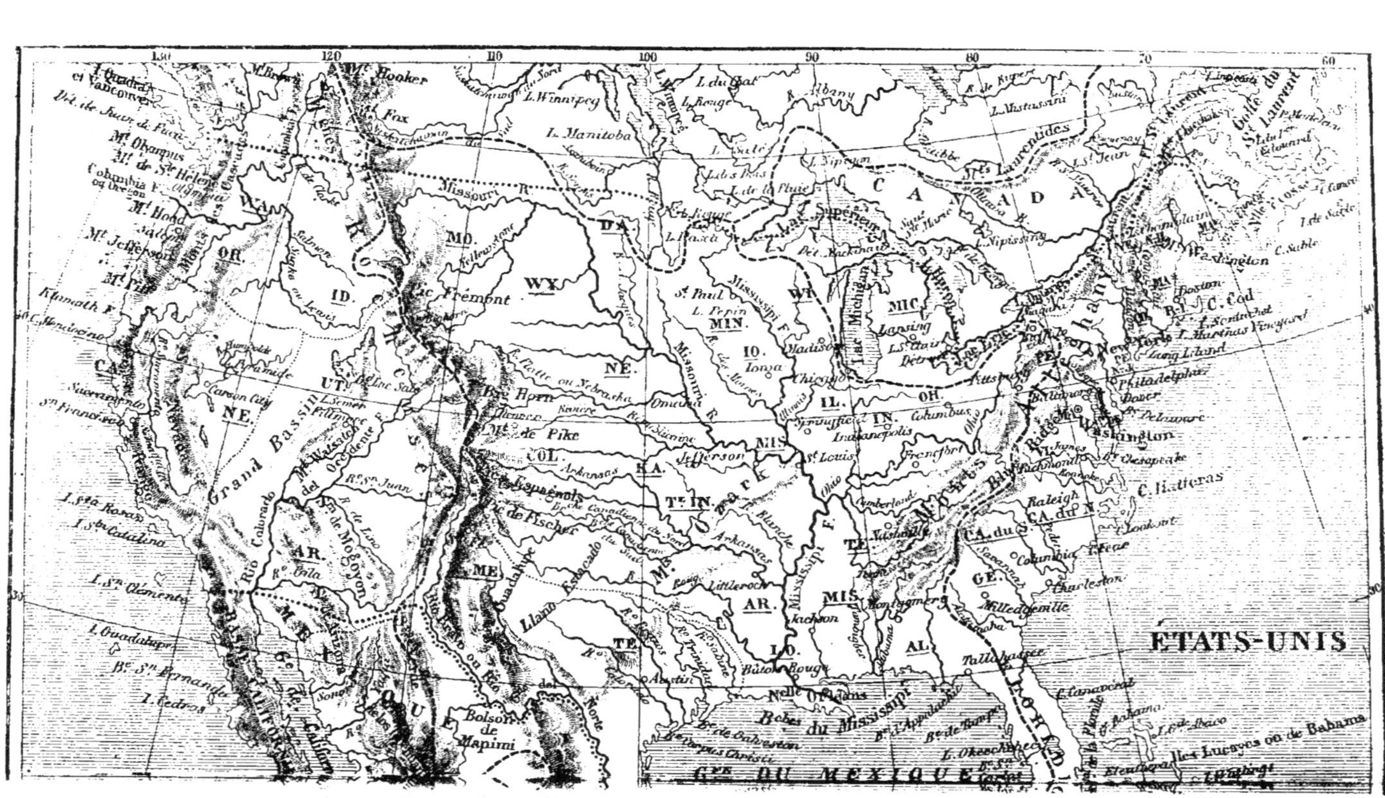

ÉTATS-UNIS
CANADA
Gfe DU MEXIQUE
Grand Bassin
Golfe du St Laurent
C. Hatteras
C. Cod
Long Island
New-York
Philadelphie
Washington
Baltimore
Richmond
Raleigh
Charleston
Milledgeville
Savannah
Montgomery
Tallahassee
Jackson
Littlerock
Baton Rouge
Nelle Orléans
Austin
Boston
Springfield
Indianapolis
Columbus
Frankfort
Chicago
Madison
St Paul
St Louis
Jefferson
Detroit
Lansing
Omaha
Carson City
San Francisco
Sacramento
Klamath F.
Mt Hood
Mt Jefferson
Mt Pit
Mt Hooker
Mt Brown
Mt Fox
Mt Okanqus
Mt de Ste Helene
Columbia F. ou Olympia
Det. de Juan de Fuca
I. Quadra et Vancouver
Vancouver
OR.
NE.
UT.
ID.
WY
MO.
DA
MIN
IO.
WI
MIC
IL.
IN.
OH.
KA.
COL.
Tre IN.
Tre MO
AR.
TE.
ME.
AR.
MIS
MIS
AL.
GE.
CA. du S.
CA. du N.
VI.
MA.
PE.
Missouri R.
Mississipi F.
Arkansas
Rio Colorado
Rio Bravo ou del Norte
R. Platte ou Nebraska
Big Horn
Mte de Pike
Pic de Fischer
Mts del Occidente
Ptes Blancs Mts
Mts Apalaches
L. Winnipeg
L. Manitoba
L. Supérieur
Lac Michigan
Lac Huron
L. du Bat
L. Vistassini
Bolson de Mapimi
Llano Estacado
Bes du Mississipi
I. Ste Rosas
I. Ste Catalina
I. San Clemente
I. Guadalupe
Be. Sn Bernardo
I. Cedros
Pie. Sn Fernando
Iles Lucayes ou de Bahama

rique russe, au N.-O. du continent, a 9,354,296 kil. carrés de superficie.

Le grand fleuve des États-Unis est le Mississipi, dont le magnifique bassin s'étend des monts Rocheux aux Alléghanys. Il a ses sources au lac Itasca, près des frontières de la Nouvelle-Bretagne, roule ses eaux troublées du N. au S. dans une large plaine d'alluvions, formant des îles nombreuses, charriant des arbres immenses, et se terminant dans le golfe du Mexique par un delta qui s'allonge sans cesse, coupé de canaux qui se déplacent souvent au milieu de terres basses, fangeuses, foyer principal de la fièvre jaune. Son cours est d'environ 5,000 kil. Il a de nombreux affluents qui viennent, à droite, des monts Rocheux, comme le *Minnesota,* l'*Iova,* le *Missouri,* l'*Arkansas* et la *Rivière Rouge ;* le Missouri peut être regardé comme un second fleuve, à cause de l'abondance de ses eaux et de la longueur de son cours de 3,700 kil., dont 3,200 navigables. Les affluents de gauche sont la *Sainte-Croix,* le *Wisconsin,* la *Rivière des Illinois* et surtout l'*Ohio* (la Belle Rivière), formé de l'*Alléghany* et du *Monongahela,* grossi du *Kentucky,* du *Cumberland* et du *Tennessce.*

Les ÉTATS-UNIS constituent, depuis 1776, une république fédérale gouvernée par un président élu pour quatre ans, et par un congrès qui se compose d'un Sénat et d'une Chambre des représentants. Chacun des États administre librement ses affaires intérieures, sous la surveillance du gouvernement fédéral. Il y a de plus des Territoires qui n'ont pas encore été élevés au rang d'États, qui n'envoient pas de représentants

au Congrès et sont administrés par des agents du
gouvernement fédéral. La capitale est *Washington*,
dans le DISTRICT FÉDÉRAL.

Les États étaient au nombre de 13 en 1776. Il y a
maintenant 39 États et 9 Territoires.

On peut les grouper en régions naturelles distinctes.
1° Dans le *versant de l'Atlantique*, étroit au **N.**, plus
large au **S.**, le premier occupé par les colons européens,
on doit distinguer les États du Nord-Est, de l'Est, et
du Sud-Est.

Les ÉTATS DU NORD-EST (Nouvelle-Angleterre) sont
le MAINE, le NEW-HAMPSHIRE, le VERMONT, le MASSA-
CHUSETTS, le RHODE-ISLAND, le CONNECTICUT, et les
deux grands États de NEW-YORK et de PENNSYLVANIE,
qui s'étendent de l'Atlantique aux Grands Lacs. Le
climat est salubre et tempéré, malgré les hivers rigoureux des États les plus septentrionaux ; la côte est
bordée de belles rades et d'excellents ports ; les cours
d'eau sont nombreux et navigables ; le sol est accidenté et se prête à toutes les cultures européennes ;
les forêts sont celles de l'Europe tempérée ; on y trouve
mines de houille, de fer, de plomb, d'inépuisables
sources de pétrole. La population se compose presque
exclusivement de blancs ; c'est le Nord qui, par sa
marine et son commerce, est en relations continuelles
avec l'Europe ; c'est le Nord qui reçoit le flot des
émigrants, et qui a surtout peuplé les pays du bassin
du Mississipi.

Les villes principales sont : *Portland*, sur la baie de
Casco (Maine) ; *Boston*, port excellent, grand centre de
commerce, d'industrie, avec de nombreux établisse-

ments littéraires et scientifiques, capitale du Massachusetts ; 250,000 hab.; *Providence*, ville manufacturière (Rhode-Island); *New-Haven*, port du Connecticut; NEW-YORK, *la Cité Impériale*, à l'embouchure de l'Hudson, la plus grande ville de l'Union (1,600,000 hab. avec ses faubourgs), le centre du commerce et de l'industrie; *Buffalo*, sur le lac Erié, *Rochester*, sur le lac Ontario (État de New-York), grands marchés de grains et de farine ; PHILADELPHIE, sur le Delaware, dans la Pennsylvanie, la rivale de New-York par son industrie ; 820,000 hab.

Trois petits États et le DISTRICT FÉDÉRAL sont dans une position intermédiaire entre les États du Nord et ceux du Sud, NEW-JERSEY, DELAWARE et MARYLAND. Les grandes villes sont : *Newark* (New-Jersey), qui touche à New-York; 105,000 hab. ; *Baltimore* (Maryland), près de la magnifique baie Chesapeake, marché de céréales, viandes salées et tabacs ; 270,000 hab. ; WASHINGTON, sur le Potomac, capitale de la Confédération ; 109,000 hab.

Les ÉTATS DU SUD-EST, VIRGINIE ORIENTALE, VIRGINIE OCCIDENTALE, CAROLINE DU NORD, CAROLINE DU SUD, GÉORGIE, FLORIDE, ont un climat beaucoup plus chaud et l'air est malsain de juillet à novembre. La côte est basse, sablonneuse, bordée de lagunes, pauvre en ports. Il y a des forêts de pins et de cèdres rouges, des sassafras, des magnoliers, des tulipiers, des catalpas. On cultive surtout le riz, le tabac et le coton dans de vastes plantations. La population se compose de blancs, de noirs et de mulâtres. Ces États ont été le centre de la résistance au Nord dans la grande guerre de la Sécession.

10.

Les villes, moins nombreuses et moins peuplées, sont : *Richmond* (Virginie Orientale), sur le James-River, qui fut la capitale de la Confédération du Sud ; *Charleston* (Caroline du Sud), port médiocre, qui est cependant le principal entrepôt des États du Sud ; *Savannah* et *Atlanta*, dans la Géorgie.

2° Le *bassin du Mississipi* se compose de vastes plaines, d'une pente presque insensible, sillonnées par de nombreux cours d'eau navigables. La partie orientale, du fleuve aux Alléghanys, est maintenant défrichée, fertilisée, peuplée et civilisée ; à l'ouest du fleuve, des États prospères se sont formés le long de ses rives ; puis la Prairie, le *Far-West* des Américains, s'ouvre à de nombreux pionniers, qui remplacent le chasseur et l'Indien : les Territoires se changent déjà en États ; les routes se multiplient et devancent les cultures et les villes ; un chemin de fer traverse de l'E. à l'O. tout le bassin, pénètre sur le plateau des montagnes Rocheuses, et conduit les voyageurs, les émigrants, la civilisation jusqu'aux bords du Grand Océan.

On peut distinguer dans le bassin du Mississipi les États du Sud, qui diffèrent, par le climat, les productions, les populations, des États du Nord.

Les ÉTATS DU SUD sont l'ALABAMA, le MISSISSIPI, le TENNESSEE, à l'E. du fleuve ; la LOUISIANE, le TEXAS et l'ARKANSAS, à l'O. — Les côtes du golfe du Mexique sont plates, marécageuses, malsaines, désolées par la fièvre jaune ; la chaleur est souvent excessive, étouffante ; en s'éloignant de la mer la température s'adoucit, le climat s'améliore. Mais partout les terrains d'alluvion, d'une grande fertilité, produisent les plantes tropicales, le sucre, le coton, le riz. Les principales villes sont : *Mobile*, bon port sur la baie de ce nom (Alabama) ; la *Nouvelle-Orléans* (Louisiane), sur le Mississipi, l'entrepôt des sucres, des cotons, du tabac, des bois d'une partie de la vallée du Mississipi ; 192,000 habitants ; *Galveston*, le port le plus actif du Texas, qui a longtemps fait partie du Mexique espagnol ; *Nashville*, puis *Memphis* sur le Mississipi, dans le Tennessee.

Les ÉTATS DU NORD sont à l'E. du fleuve : KENTUCKY, OHIO, INDIANA, ILLINOIS, MICHIGAN et WISCONSIN, séparés par le grand lac Michigan. Le climat est salubre et agréable ; la température est douce et plus froide vers le nord. On y trouve en abondance de la houille, du fer, du plomb, du cuivre. Les forêts sont considérables ; les prairies nourrissent des troupeaux de toute sorte ; l'agriculture, de plus en plus développée, donne des grains en grande quantité pour la consommation et l'exportation. Les principales villes sont . *Louisville* (Kentucky), sur l'Ohio, peuplée de 100,000 habitants ; *Cincinnati* (Ohio), au N.-E., sur l'Ohio, qui fait un grand commerce de farines, de salaisons, d'ustensiles, d'instruments agricoles ; 216,000 habitants ; *Cleveland* et *Sandusky* (Ohio), ports commerçants sur le lac Erié ; *Indianopolis*, la capitale de l'Indiana ; *Chicago* (Illinois), sur le lac Michigan, l'entrepôt des produits agricoles de l'Ouest ; 410,000 habitants ; *Détroit* (Michigan), entre les lacs Huron et Erié ; 80,000 habitants ; *Milwaukee* (Wisconsin), à l'O. du lac Michigan, qui fait un grand commerce de céréales.

Les États à l'O. du Mississipi sont le MINNESOTA, l'IOWA, le MISSOURI, le long du fleuve ; puis, en allant vers les monts Rocheux, deux Territoires, DACOTAH et le TERRITOIRE INDIEN, au N. et au S.; deux États récents, le NÉBRASKA et le KANSAS, au centre. Cette région, qui se peuple de plus en plus, est surtout remarquable par ses vastes prairies, qui nourrissent beaucoup de bestiaux, et par ses progrès agricoles. Il y a également de riches mines, surtout dans le Missouri.

Les principales villes sont : *Saint-Paul*, dans le Minnesota; *Saint-Louis* (Missouri), sur le Mississipi, dans une magnifique position au centre des États-Unis, grand marché de l'Ouest, entrepôt principal du commerce dans le bassin du Mississipi ; 450,000 habitants; *Omaha-City* (Nébraska), point central du grand chemin de fer du Pacifique. — Le Territoire Indien, entre le Kansas et le Texas, a été assigné comme résidence permanente aux débris des tribus indiennes de l'Est; ils sont tout au plus 35 à 40,000 hommes, qui se rapprochent de plus en plus des Américains.

3° La *région des hauts plateaux des Montagnes Rocheuses* se distingue surtout par son extrême aridité il pleut rarement; le *Grand-Bassin* ou *désert d'Utah*, n'est presque qu'une surface d'argile, avec des champs de sel cristallisé; on y trouve surtout des arbustes épineux. Cependant au milieu des montagnes il y a des parties plus fertiles et de grandes richesses minérales. La population est encore peu considérable.

Les Territoires sont ceux de MONTANA, d'IDAHO, de WYOMING, d'ARIZONA, d'UTAH; et les États, formés récemment, sont ceux de NEVADA, de COLORADO et du NOUVEAU-MEXIQUE. — Aucune ville n'est encore à citer, si ce n'est peut-être *Virginia-City* (Nevada), au milieu de mines d'argent très-abondantes ; e la ville du *Grand-Lac-Salé* (Utah), la capitale de la secte bizarre des Mormons.

4° Entre le plateau des Monts Rocheux et le Grand Océan, il y a le TERRITOIRE DE WASHINGTON et les deux États d'ORÉGON et de CALIFORNIE. Le climat est généralement doux et tempéré par les brises de mer. Les richesses minérales de la Californie sont bien célèbres ; l'agriculture n'est pas moins florissante; les vallées et les plaines produisent en abondance céréales, cannes à sucre, tabac, raisins, légumes, etc. Dans les prairies on élève de nombreux troupeaux, et la végétation forestière est magnifique, surtout dans l'Orégon et le Territoire de Washington.

Les principales villes sont : *Portland* (Orégon), près de la Columbia; *Sacramento* (Californie), sur le Rio Sacramento ; et surtout SAN-FRANCISCO (Californie), la *Reine du Pacifique*, le meilleur port de l'Amérique sur le Grand Océan, ville récente, dont la population atteint déjà 250,000 habitants.

5° Le TERRITOIRE D'ALASKA, acheté aux Russes en 1867, est une large péninsule, aux côtes découpées sur l'Océan Glacial, la mer de Behring et le Grand Océan. Les *îles Aléoutiennes*, prolongement de la presqu'île d'Alaska, sont comme les piles d'un pont immense, qui unit l'Amérique à l'Asie. Sur le Grand Océan il y a une bande étroite de terre, avec des îles, *Kadiak*, de *l'Amirauté*, *Sitka*, du *Prince-de-Galles*. Le Territoire est traversé par le Youkon, long de 2,900 kilomètres, mais glacé pendant huit mois. Le climat est très-rude, excepté dans les îles méridionales, l'un des pays les plus humides du globe, avec quelques forêts. La principale richesse est la pêche et la chasse des animaux à fourrure. Le chef-lieu est la *Nouvelle-Arkhangel* ou *Sitka*, dans l'île de ce nom.

Les États-Unis, riches par leurs mines abondantes de toute nature, par les produits de leur agriculture, par leurs nombreux troupeaux, ont également fait de grands progrès dans l'industrie et commencent à rivaliser avec l'Europe. Leur commerce prend chaque jour de nouveaux développements, et la marine marchande comptait récemment près de 32,000 navires. Aussi la population s'est-elle rapidement accrue ; elle doit atteindre 40 millions d'habitants, dont près de 5 millions de noirs et mulâtres, maintenant libres, et 300,000 Indiens ou Peaux-Rouges. Elle s'accroît continuellement par l'émigration européenne. Tous les cultes sont tolérés ; il y a environ 3,500,000 catholiques, surtout dans les États du Sud ; le protestantisme domine, mais divisé en un grand nombre de sectes. Les routes, les canaux, les chemins de fer sillonnent presque toutes les parties de la Confédération ; il y a 115,000 kilomètres de chemins de fer en exploitation, et depuis 1869, le chemin de fer du Pacifique traverse toute l'Amérique du Nord et conduit en sept jours de New-York à San-Francisco.

§ 54. — LA RÉPUBLIQUE DU MEXIQUE. — VILLES PRINCIPALES.

Le MEXIQUE est séparé des États-Unis par le Rio-Grande-del-Norte ; il est baigné, à l'E., par le golfe du

Mexique et la mer des Antilles, à l'O., par le Grand Océan. Sa superficie est de 1,921,000 kilomètres carrés. Il comprend un vaste plateau (plateaux de Chihuahua, d'Anahuac), qui est comme l'épanouissement méridional du plateau des monts Rocheux. Ce plateau, élevé de 1,200 à 2,300 mètres, large au N. de 1,000 kilomètres, de 180 vers le S., est traversé par une ligne de sommets volcaniques, pic d'*Orizaba*, *Coffre de Perote*, *Popocatepelt*, etc. Les côtes du golfe du Mexique sont sablonneuses et malsaines ; la presqu'île de *Yucatan*, terminée au N. par le cap *Catoche*, sépare le golfe de la mer des Antilles ; les côtes du Grand Océan, qui forment un arc de cercle beaucoup plus étendu, sont également basses et malsaines, depuis la baie de Tehuantepec jusqu'au fond du golfe de Californie.

Les cours d'eau sont peu considérables et peu navigables ; c'est l'un des côtés faibles de la région, pays sec et souvent aride. Il y a plusieurs lacs, dont l'eau, chargée de carbonate de soude, est même impropre à l'irrigation ; le plus grand est celui de *Chapala*. Le littoral ou Terre chaude, sur les deux mers, est la région des cultures tropicales ; la végétation y est d'une puissance exubérante ; mais le pays est désolé par la fièvre jaune. Dans la Terre tempérée, qui comprend les pentes du plateau, la température est agréable et la végétation est également vigoureuse. La Terre froide occupe la plus grande partie du plateau ; le climat est sain, mais les sécheresses sont fréquentes. L'agriculture est encore très-arriérée, et il y a de grands espaces déserts, faute de communications.

Les richesses minérales sont depuis longtemps célèbres; on exploite l'or et l'argent surtout dans les deux chaînes parallèles qui dominent le plateau du N. au S.

La population est d'environ 9,300,000 habitants, dont 5 millions d'Indiens, robustes mais assez misérables, plus de 2 millions de métis, 1,100,000 blancs d'origine espagnole, et 100,000 noirs ou mulâtres. La religion est le catholicisme et on parle l'espagnol. Le Mexique forme une république fédérative, malheureusement troublée trop souvent par la guerre civile, gouvernée par un président électif, assisté de deux Chambres. Il est divisé en 27 provinces, avec le district fédéral et le territoire de la Basse-Californie.

La capitale, MEXICO, sur le plateau, à 2,274 mètres au-dessus du niveau de la mer, près du lac de Tezcuco, est une belle ville de 210,000 habitants. Les autres villes sont : *Matamoros*, près de l'embouchure du Rio-Grande; les ports de *Tampico* et de la *Vera-Cruz*, sur le golfe du Mexique, centre du commerce avec l'Europe; *Campéche* et *Mérida*, dans le Yucatan; *Acapulco*, port du Grand Océan, longtemps florissant; — puis, sur les plateaux, *Oajaca*, dans une fertile contrée; *Morelia* ou *Valladolid*, à l'O. de Mexico; *Colima*, près d'un volcan; *Guadalajara*, grande ville de 90,000 habitants; *Zacatecas*, *Aquas-Calientes*, *San-Luis de Potosi*, *Guanajuato*, dans la région des mines d'argent; *Queretaro*, tristement célèbre par la mort de l'empereur Maximilien Ier; *Puebla*, où l'on fabrique beaucoup de poteries; 85,000 habitants, etc.

CHAPITRE X

Amérique centrale. — Les cinq républiques. — L'archipel Colombien. — L'Amérique méridionale. — — Grandes régions. — États et villes principales.

§ 55. — AMÉRIQUE CENTRALE PROPREMENT DITE. — LES
CINQ RÉPUBLIQUES.

L'AMÉRIQUE CENTRALE, resserrée entre la mer des Antilles, qui forme le vaste *golfe de Honduras*, et le Grand Océan, est une région montueuse, ayant la forme d'un triangle dont le sommet est au *cap Gracias á Dios*, à l'E. Elle est remarquable par ses nombreux volcans, rangés le long du Grand Océan ; les rivières sont généralement peu considérables ou d'une navigation difficile, comme le *San-Juan*, qui sort du *lac de Nicaragua :* ce lac, long de 170 kilomètres sur 70 de largeur, uni au *lac Managua*, situé au N.-O., est l'un des points les plus importants de l'Amérique centrale.

Le climat est assez semblable à celui du Mexique; aussi les habitants sont presque tous agglomérés sur les hauts plateaux, voisins du Grand Océan. Les richesses minérales sont encore peu exploitées; le sol fertile, mais assez mal cultivé, fournit à l'exportation café, cacao, riz, tabac, coton, vanille, indigo, sucre, bois de teinture et d'ébénisterie. La population se compose de blancs d'origine espagnole, d'Indiens, chrétiens, à demi civilisés, et de Ladinos ou métis. On parle l'espagnol, et le catholicisme est la religion.

L'ancienne capitainerie espagnole de Guatemala forme maintenant cinq petites républiques :

1º GUATEMALA, au N., peuplée de 1,200,000 habitants, Indiens en grande majorité. Villes principales, *Guatemala la Vieja*, la capitale; les ports de *San-José* ou *Istapa*, entrepôt de la capitale, et d'*Izabal;*

2º SAN-SALVADOR, sur le Grand Océan, peuplée de 600,000 habitants, réunis sur un espace assez resserré. La capitale est *San-Salvador; la Union*, sur la baie de Fonseca, est le port le plus important ;

3º HONDURAS, le plus pauvre des cinq États, à l'E., n'a que 350,000 habitants ; la capitale est *Comayagua ; Amapala* est un bon port dans une île de la baie de Fonseca, sur le Grand Océan ;

4º NICARAGUA s'étend entre les deux mers et n'a que 250,000 habit., la plupart Indiens. Le gouvernement siége à *Managua;* la ville la plus importante est *Léon*, dont le port est *Realejo; Greytown* ou *San-Juan del Norte* est un bon port à l'embouchure du San-Juan ;

5º COSTA-RICA, plus au S., a 200,000 habitants ; c'est un pays fertile, civilisé, où les hommes de race blanche sont les plus nombreux. La capitale est *San-José*.

Le littoral du Nicaragua et du Honduras sur la mer des Antilles est occupé par ce qu'on nomme encore le ROYAUME DES MOSQUITOS, placé sous le protectorat des deux républiques, et habité par de misérables Indiens

Plus au N., les Anglais possèdent la Colonie de Belize ou Honduras anglais, couverte de forêts d'acajou.

L'Amérique centrale occupe l'une des positions les plus magnifiques du globe; cette région, si bien dotée par la nature, est encore cependant dans un état d'infériorité réelle; cela tient sans doute à l'insalubrité du climat, surtout sur la côte, et aux guerres civiles qui ont trop souvent arrêté les progrès. Ce qui changerait la face du pays, ce serait l'établissement de grandes voies de communication entre les deux mers; le commerce du monde entier est d'ailleurs intéressé à cette œuvre. Aussi bien des projets ont été conçus et sont encore à l'étude pour creuser un canal maritime, comme on l'a fait à l'isthme de Suez.

§ 56. — ARCHIPEL COLOMBIEN OU ANTILLES : LES ILES LUCAYES ; — LES GRANDES ANTILLES ; — LES PETITES ANTILLES ; — LES ILES SOUS LE VENT.

Les ANTILLES, que les Anglais appellent encore *Indes Occidentales*, décrivent une ligne courbe, qui sépare l'Atlantique du vaste golfe situé entre les deux Amériques, et le divise lui-même en deux parties : le golfe du Mexique, au N.-O., la mer des Antilles ou des Caraïbes, au S.-E. — La plupart de ces îles sont montueuses, volcaniques, bien arrosées, riches en métaux qui sont peu exploités, mais surtout fertiles en cannes à sucre, café, indigo, cochenille, cacao, tabac, coton, épices, plantes médicinales, bois de teinture et d'ébénisterie. Le climat est chaud et trop souvent malsain ; les ouragans, les tremblements de terre ont plus d'une fois causé de terribles ravages. La population indigène, Indiens ou Caraïbes, a presque complétement disparu ; les habitants sont des Européens, des créoles, des noirs esclaves ou affranchis, des métis.

Ce vaste archipel se divise en 4 parties :

1° Les ILES LUCAYES ou BAHAMA, séparées de la Floride par le *canal de Bahama*, sont des îlots, reposant sur deux bancs étendus et séparés par des canaux d'une navigation difficile. C'est dans l'une de ces îles que Christophe Colomb aborda, le 12 octobre 1492. La capitale est *Nassau* ; elles appartiennent aux Anglais et n'ont que 43,000 habitants.

2° Les GRANDES ANTILLES sont : Cuba, qui s'allonge de l'O. à l'E., entre le Yucatan et la Floride, sur une longueur de 1,200 kilomètres. C'est une terre fertile, produisant beaucoup de sucre, de tabac, du cacao, du maïs, de l'indigo, des bois de toute sorte ; nourrissant de nombreux bestiaux, malheureusement désolée par la guerre civile. La population est de 1,500,000 habitants, dont 760,000 blancs ou créoles ; le reste se compose de mulâtres, de nègres et de Chinois. Elle appartient à l'Espagne. La capitale est *La Havane*, port excellent au N.-O., belle et grande ville de 230,000 habitants; les autres villes sont les ports de *Matanzas* et de *Santiago*, et, dans l'intérieur, *Puerto-Principe*.

Haïti, à l'E., a des côtes très-découpées, est traversée par quatre chaînes de montagnes, et produirait beaucoup, si elle était mieux cultivée. Elle est divisée en deux républiques indépendantes, fondées par les nègres et les hommes de couleur révoltés. A l'O., LA RÉPUBLIQUE D'HAÏTI (ancienne partie française), peuplée de 600,000 habitants, a pour capitale *Port-au-Prince*, et pour villes le *Cap-Haïtien*, les *Cayes*, *Jacmel*, les *Gonaïves* ; — à l'E., la RÉPUBLIQUE DOMINICAINE (ancienne partie espagnole), plus étendue, peuplée de 136,000 habitants, a pour capitale *Santo-Domingo*.

PORTO-RICO, à l'E., beaucoup plus petite, mais très-fertile et peuplée de 650,000 habitants, dont plus de la moitié sont des blancs, appartient à l'Espagne. La capitale est *San-Juan-de-Porto-Rico*, au N.

La JAMAÏQUE, au S. de Cuba, est une colonie anglaise, peuplée de 500,000 habitants ; un tiers de l'île est bien cultivé ; la terre est fertile et donne beaucoup de sucre et de rhum. La capitale est *Spanishtown :* mais la ville la plus importante est le port de *Kingston*.

3° Les PETITES ANTILLES, volcaniques pour la plupart et très-fertiles, sont des colonies qui appartiennent à différents peuples de l'Europe.

Les ANGLAIS possèdent les *îles Vierges*, *Anguila*, la *Barboude*, *Antigoa* dont la capitale est *Saint-John*, *Saint-Christophe*, *Nevis*, *Montserrat*, *La Dominique*, dont les habitants sont pour la plupart d'origine française, *Sainte-Lucie*, *Saint-Vincent*, la *Barbade*, la plus orientale de toutes, peuplée de 162,000 habitants, dont la capitale est *Bridgetown*, les *Grenadines*, la *Grenade*, *Tabago*, enfin la *Trinité*, beaucoup plus considérable, en face des bouches de l'Orénoque, dont la capitale est le bon port de *Spanishtown*.

Les FRANÇAIS possèdent : la GUADELOUPE, dont les villes principales sont la *Basse-Terre* et la *Pointe-à-Pitre*, avec ses dépendances, *Marie-Galante*, *La Désirade*, les *Saintes* et la partie N. de *Saint-Martin* ; ce gouvernement colonial a 160,000 habitants. — Le gouvernement de LA MARTINIQUE en a 156,000 ; la capitale est *Fort-de-France*; *Saint-Pierre*, plus au N., est un port de commerce plus considérable.

Les HOLLANDAIS possèdent la partie S. de *Saint-Martin*, *Saba*, et *Saint-Eustache*.

Les DANOIS ont *Sainte-Croix*, *Saint-Jean*, *Saint-Thomas*, dont la capitale, *Saint-Thomas*, est un port franc, grand entrepôt de commerce.

Les SUÉDOIS ont *Saint-Barthélemy*, qu'ils proposent de rendre à la France.

4° On appelle ILES SOUS LE VENT quelques îles moins importantes, qui se rattachent véritablement, comme la Trinité, à l'Amérique méridionale. Les Hollandais possèdent *Curaçao*, fertile en sucre, tabac, oranges amères, dont on fait une liqueur estimée; *Oruba*, *Buen-Ayre*.

La *Margarita*, *Blanquilla*, *Tortuga*, etc., dépendent du Venezuela.

La population de toutes les Antilles est d'environ 4,300,000 habitants.

§ 57. — L'AMÉRIQUE MÉRIDIONALE. — SA SITUATION. — MONTAGNES. — GRANDS FLEUVES.

L'AMÉRIQUE MÉRIDIONALE est une grande presqu'île triangulaire, jointe à l'Amérique centrale par l'isthme de Panama; elle a 7,500 kilomètres du N. au S., et 5,000 kilomètres dans sa plus grande largeur. Traversée par l'Équateur, elle a la plus grande partie de ses terres dans la zone torride. Ses côtes sont fort

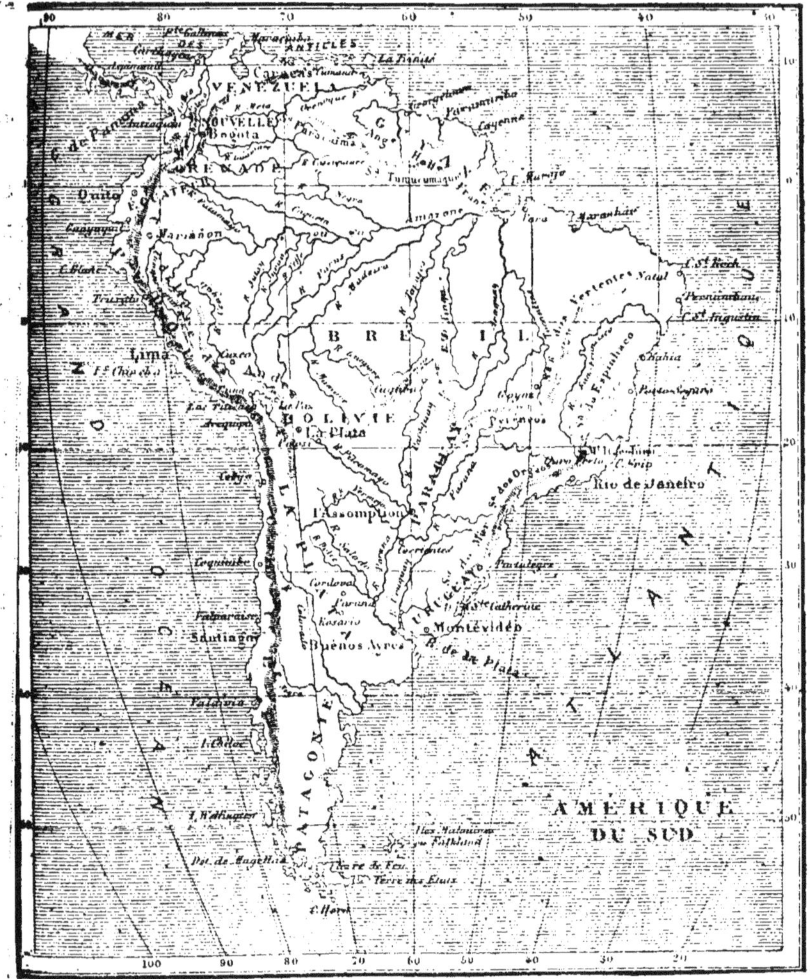

MER DES ANTILLES
VENEZUELA
Caracas
NOUVELLE
Bogota
GRENADE
ÉQUATEUR
Quito
Guayaquil
Lima
BRÉSIL
BOLIVIE
La Plata
PÉROU
Amazone
Bahia
C. St Roch
Natal
Pernambouc
C. St Augustin
PARAGUAY
Rio de Janeiro
l'Assomption
CHACO
URUGUAY
Montévidéo
Cordova
Rosario
Buénos Ayres
R. de la Plata
Valparaiso
Santiago
Coquimbe
PATAGONIE
Dét. de Magellan
Iles Malouines
ou Falkland
Terre de Feu
Terre des Etats
C. Horn
OCÉAN PACIFIQUE
OCÉAN ATLANTIQUE
AMÉRIQUE
DU SUD

peu découpées, et elle a quelque ressemblance de configuration avec l'Afrique ; mais elle est bien plus ouverte à la navigation et au commerce ; ses rivages de l'Atlantique sont tournés vers les vents alizés et les courants qui portent vers elle les navires de l'ancien monde ; de ce côté se déversent de grands fleuves navigables, aux nombreux affluents, qui permettent de pénétrer dans l'intérieur des terres.

La charpente de l'Amérique du Sud est surtout déterminée par l'immense Cordillère des Andes, longue de 7,500 kilomètres, qui suit de très-près la côte du Grand Océan depuis l'isthme de Panama jusqu'au cap Froward. Elle renferme plusieurs des sommets les plus élevés du globe, avec de nombreux volcans ; elle est riche en métaux précieux ; ses vallées et ses flancs sont fertiles ; elle donne naissance à la plupart des cours d'eaux, qui portent partout la fécondité. Elle divise l'Amérique en deux versants inégaux : celui de l'O. ou du Grand Océan, très-étroit, presque sans pluie, sans rivière de quelque importance ; et celui de l'E. ou de l'Atlantique, composé de plaines immenses, dont l'uniformité est cependant rompue, au N.-E., par la *haute terre de la Parime* ou *de la Guyane ;* à l'E., par la haute terre du *Brésil oriental.*

Le versant de l'Est est lui-même incliné vers trois parties de l'Océan Atlantique, qui ont chacune leur grand fleuve : la mer des Antilles reçoit l'Orénoque ; l'Océan Atlantique équinoxial reçoit le fleuve des Amazones ; l'Océan Atlantique austral reçoit la Plata.

L'Orénoque vient des montagnes de la Parime, décrit la moitié d'une circonférence, reçoit de nom-

breux affluents, surtout à gauche, et finit par un vaste
delta de 300 kilomètres de base. Son cours de
2,250 kil. est embarrassé par des rapides et par les
trains d'arbres qu'il charrie ; il a de grandes crues et
ses bords sont couverts d'épaisses forêts. L'un de ses
affluents de gauche, le *Cassiquiare*, communique, dans
la saison des pluies, avec le Rio Negro, affluent du
fleuve des Amazones.

Le MARAÑON ou FLEUVE DES AMAZONES est formé par
deux grandes rivières, qui viennent des Andes du
Pérou, le Tunguragua ou Marañon et l'Ucayali. — Le
Tunguragua sort du lac Lauricocha, coule dans les
Andes, du S. au N., en sort par de nombreux rapides,
et se réunit à l'*Ucayali*, qui vient du plateau de Puño,
plus au S., au Pérou. Le fleuve coule alors de l'O.
à l'E. dans la plaine immense du Brésil, qu'il inonde
au loin dans la saison des pluies. Il forme beaucoup
d'îles, se partage en bras nombreux, est partout large,
profond, navigable, entraînant beaucoup d'arbres
déracinés et des îles entières. Il se jette dans l'Atlantique par un estuaire large de 300 kilomètres; son bras
méridional rejoint l'embouchure du Rio Tocantins
pour former le Rio Para ; entre ces deux bras est l'île
Marajo, longue de 270 kil., large de 240. L'embouchure du fleuve est célèbre par la grande barre d'eau
appelée *pororoca* : l'eau refoule, à plus de 300 kil.
au large, les flots de l'Océan, en entraînant une masse
énorme de limon. Le cours du fleuve est de 3,200 kil.
depuis la réunion du Tunguragua et de l'Ucayali, qui
a lui-même 1,600 kil. Plusieurs de ses très-nombreux affluents sont de véritables fleuves par l'étendue

et la masse de leurs eaux, comme le **Purus**, le Madeira, le Tapajos, sur la rive droite ; le Rio Negro, sur la rive gauche.

Le Rio de la Plata est un vaste estuaire, une sorte de bras de mer, long de 300 kil., large de 250 à l'embouchure. Nous décrirons plus loin son bassin.

§ 58. — RÉGIONS DE L'AMÉRIQUE MÉRIDIONALE.

L'Amérique méridionale comprend plusieurs régions distinctes : 1° A l'O., la côte du Grand Océan, chaude et malsaine dans sa partie voisine de l'Équateur ; tempérée, saine et fertile plus au S., dans le Pérou et le Chili.

2° La région montueuse du plateau des Andes, riche en métaux précieux, bien cultivée, peuplée, mais exposée à de fréquents orages.

3° La haute terre de la Guyane, d'une végétation luxuriante, mais entourée de terres basses et malsaines.

4° La haute terre du Brésil, accidentée, riche en métaux précieux, fertile, avec des côtes malsaines jusqu'au tropique du Capricorne.

5° Au N., la région des *Llanos* ou steppes herbacés, entre les Andes et la Guyane ; plaines sans arbres, desséchées pendant l'été, couvertes de pâturages verdoyants pendant la saison des pluies.

6° Au centre, la région des *Forêts* (Selvas), qui couvre la plus grande partie du vaste bassin de l'Amazone.

7° Au S., la région des *Pampas*, immenses plaines désertes, qui rappellent les Llanos et occupent le bassin de La Plata.

§ 59. — ÉTATS DE L'AMÉRIQUE MÉRIDIONALE : CONFÉDÉRATION GRENADINE ; — ÉQUATEUR ; — VENEZUELA. — GUYANE. — EMPIRE DU BRÉSIL.

Les différents États de l'Amérique méridionale sont :

1° Les trois républiques du Nord, jadis unies sous le nom de Colombie : Confédération Grenadine, Équateur, Venezuela ;

2° Les Guyanes ;

3° L'immense empire du Brésil ;

4° Les trois républiques du bassin de La Plata : Paraguay, Uruguay, Confédération Argentine ;

5° Les deux républiques nécessairement unies du Pérou et de la Bolivie ;

6° Le Chili, sur le Grand Océan, avec la Patagonie et les îles du Sud.

La Confédération Grenadine, ou États-Unis de Colombie, est le seul État qui touche aux deux mers ; il comprend l'isthme de Panama. La mer des Antilles forme les golfes de Darien, de Morosquillo et de Venezuela ; le Grand Océan, celui de Panama. — La chaîne des Andes s'épanouit là en trois branches, dont plusieurs sommets dépassent 5,000 mètres ; elles rendent les communications très-difficiles entre les vallées qui s'allongent du S. au N. L'*Atrato*, la *Magdalena*, longue de 1,300 kil., avec son affluent la *Cauca*, coulent au fond de ces vallées. Dans la plaine, près de la mer, l'air est brûlant et pestilentiel ; sur les plateaux, où les populations sont agglomérées, il est tempéré et beaucoup plus sain. Les mines sont peu exploitées; les forêts offrent des essences variées; la terre est fertile en plantes tropicales, mais mal cultivée, faute de bras et de routes suffisantes; le bétail est nombreux.

La république fédérative comprend neuf États et des Territoires nationaux; le président gouverne avec le sénat et une chambre des représentants des différents États. La population est d'environ 3 millions d'habitants, dont 450,000 blancs; les autres sont des *Cholos*, issus d'Espagnols et d'Indiens, des Muyscas chrétiens, des Indiens sauvages, des nègres.

La capitale de la Confédération est SANTA-FÉ-DE-BOGOTA, à 2,650 mètres d'altitude, avec 50,000 habitants; les ports sur la mer des Antilles sont : *Carthagène* et *Santa-Marta; Aspinwall* ou *Colon*, à l'entrée du chemin de fer de 75 kilom., qui traverse l'isthme et conduit au port de *Panama*, dont le commerce est considérable; *Antioquia*, *Medellin*, *Popayan*, dans l'intérieur, ont quelque importance par leur industrie. On a formé plusieurs projets pour établir un canal interocéanique, soit dans l'isthme de Panama, soit entre le golfe de Darien et le Grand Océan, par l'Atrato.

La république de l'ÉQUATEUR, ancien royaume de Quito, au S. de la Confédération Grenadine, est traversée du N. au S. par les Andes de Quito, qui forment deux chaînes parallèles, où l'on trouve les sommets les plus élevés, *Pichincha*, *Cayambé*, *Antisana*, *Chimborazo*, *Cotopaxi*, *Tunguragua*, hauts de 4,800 à 6,500 mètres. La côte, marécageuse et malsaine, présente la grande baie de Guayaquil ; les plateaux, de 2,700 à 2,900 mètres, entre les deux chaînes, sont d'un climat tempéré et fertiles ; les grandes plaines de l'Est sont arrosées par les premiers affluents de gauche de l'Amazone, et renferment de magnifiques forêts. On exporte du cacao, de la gomme, du quinquina, du coton, des chapeaux de paille, dits de Panama.

La république, gouvernée par un président, un sénat et une chambre de députés, compte 1,300,000 habitants, dont plus de 700,000 Indiens. Elle est divisée en 10 provinces.

Les villes principales sont : Quito, la capitale, à 2,950 mètres d'altitude, ancienne ville des Incas, ayant encore quelque industrie ; 76,000 habitants ; *Guayaquil*, le port le plus commerçant de la république ; sur les plateaux, *Rio-Bamba, Cuença, Loja*.

Les îles *Galapagos* ou des Tortues, volcaniques et presque désertes, forment un archipel, à 700 kil. de la côte.

La république de Venezuela, à l'E. de la Confédération Grenadine, sur la mer des Antilles, comprend la plus grande partie du bassin de l'Orénoque. La côte, assez accidentée, fertile, mais chaude et malsaine, présente, à l'O., le *golfe de Venezuela*, qui communique *au lac de Maracaybo*, long de 200 kil. ; à l'E., le *golfe de Paria*. La chaîne de Caracas, prolongement des Andes Grenadines, a des vallées, qui jouissent d'un printemps perpétuel et sont fertiles en cacao, café, indigo, coton, baumes, tabac. La région des Llanos est une plaine immense, où on élève bêtes à cornes, moutons, chevaux, mulets. L'*Oré-noque*, qui vient des montagnes de la Parime, les traverse, et, après 2,250 kil. de cours, forme un delta de 300 kil. de base.

La république, peuplée de 1,784,000 habitants, comprend 21 provinces, dont les villes principales sont : CARACAS, la capitale, peuplée de 50,000 habitants, qui fait un assez grand commerce par le port de la *Guayra*; les ports de *Cumana, Barcelona, Coro, Puerto-Cabello, Maracaybo*; dans l'intérieur, *Barquisimeto, Aragua, Varinas*, et *Ciudad-Bolivar*, ville de commerce actif, dans la grande province de Guyana, à l'Est.

La GUYANE est une haute terre montueuse, formant une sorte d'île environnée par l'Atlantique, le fleuve des Amazones, le Rio Negro, son affluent, le Cassiquiare, qui le fait communiquer avec l'Orénoque. De nombreux cours d'eau descendent des montagnes, mais sont fort peu navigables. L'intérieur est couvert de forêts presque impénétrables, aux essences très-variées ; on y recueille surtout le caoutchouc, résine d'un grand arbre appelé *hévé*. Les terres basses sont très-fertiles en produits tropicaux et en poisons redoutables; mais les bords de la mer sont marécageux, malsains, souvent désolés par la fièvre jaune. Les oiseaux au brillant plumage, les singes, les reptiles, les insectes sont en très-grande quantité.

La région, appelée Guyane, est divisée en cinq parties :

1º LA GUYANE ESPAGNOLE qui est au Venezuela.

2º LA GUYANE ANGLAISE, peuplée de 191,000 habit. ; chef-lieu *Georgetown*.

3° La Guyane hollandaise, peuplée de 70,000 habit. ; chef-lieu, *Paramaribo*, sur le Surinam.

4° La Guyane française n'a que 27,000 habit. ; la capitale est *Cayenne*, dans l'ile de ce nom, à l'embouchure de la rivière Cayenne.

5° La Guyane portugaise fait maintenant partie du Brésil.

Le vaste empire du BRÉSIL la comprend plus grande partie du bassin de l'Amazone et une partie du bassin de La Plata. La superficie est de 8,516,000 kil. carrés, près de la moitié de toute l'Amérique méridionale.

Les côtes, dans leur développement de 6,000 kil., ont des aspects différents ; elles sont basses, marécageuses, au N., ou couvertes de lagunes, au S. ; au centre, elles sont rocheuses, avec des baies nombreuses, avec les larges embouchures de beaucoup de rivières ; quelquefois les montagnes sont comme suspendues à pic au-dessus de la mer. — Des chaînes, qui ne dépassent pas généralement 2,000 mètres, se développent presque parallèlement au rivage, du Rio de La Plata au Rio San-Francisco ; une chaîne transversale, très-sinueuse, de collines et de plateaux, se dirige, au nœud remarquable d'*Itacolumi*, de l'E. vers l'O. entre les bassins de l'Amazone et de La Plata, qui dans certains endroits sont à peine séparés.

Le fleuve des Amazones ou Marañon, formé de deux grandes rivières qui viennent des Andes du Pérou, le *Tunguragua* et l'*Ucayali*, traverse la plaine immense du Brésil, qu'il inonde au loin de ses eaux limoneuses, dans la saison des crues. Nous en avons parlé plus haut. Les autres fleuves du Brésil sont bien moins impo tants, *Maranhão*, *Paranahyba*, etc.; cependant le *San-Francisco* a 2,900 kil. de cours. — Le S.-E. du Brésil est dans le bassin du *Rio de La Plata*. On doit remarquer que les trois grands fleuves, l'Orénoque, l'Amazone, La Plata, s'entrelacent en quelque sorte, communiquent facilement; et qu'ainsi une plaine immense s'étend au centre, dans toute la longueur de l'Amérique méridionale.

Le climat varie, suivant les régions, dans ce vaste empire. C'est surtout aux bords des fleuves de la zone torride, à leur embouchure, que les forêts atteignent des proportions colossales dans des terres d'alluvions chaudes et humides. En s'élevant sur les plateaux, on trouve de vastes plaines avec quelques bouquets de bois; plus vers l'O. s'étendent des espaces sablonneux avec des plantes rabougries. — Le Brésil a de grandes richesses minérales, or, diamants, pierres précieuses, houille, fer, cuivre, etc., surtout dans la partie montagneuse. Les richesses végétales sont encore plus grandes; les bois de toute sorte, et principalement les bois de teinture, sont en abondance, ainsi que les plantes médicinales.

La production de sucre, de tabac, de coton, de cacao, etc., et surtout de café est très-considérable. Il y a de nombreux troupeaux de bœufs et de chevaux, des mules excellentes. Mais la plus grande partie du pays est encore sans culture; elle n'a pas même été explorée. Cependant le commerce avec l'Angleterre, la France, les États-Unis, etc., prend chaque jour de nouveaux développements.

L'Empire se divise en 20 provinces. La capitale,

Rio-de-Janeiro, à l'entrée d'une baie magnifique de 200 kil. de tour, est une ville belle et riche, une grande place de commerce ; 420,000 hab. Les principaux ports, en suivant la côte du N. au S., sont: *Para* ou *Belem, San-Luiz de Maranhão, Pernambuco* ou *Recife,* grande place d'exportation, de 100,000 habit., *Bahia* ou *San-Salvador,* port excellent sur la vaste baie de Tous-les-Saints; 150,000 habit.; et plus au S., *Porto-Alegre,* près de la lagune de los Patos.

Les villes de l'intérieur sont moins nombreuses et moins importantes: *Cuyaba,* dans la province de Matto-Grosso (la grande forêt), près des frontières de la Bolivie; *Goyaz; Ouro-Preto,* dans la province de Minas-Geraës, où sont les mines les plus riches ; *São-Paulo,* sur un affluent du Parana, au S., dans un pays favorable à la colonisation européenne.

La population est encore bien insuffisante pour l'étendue du territoire; elle dépasse cependant 10 millions d'habitants dont plus de 1,400,000 nègres. Les Brésiliens sont d'origine portugaise. Plus de 500,000 Indiens, divisés en un grand nombre de tribus, appartenant au groupe des *Guaranis* ou aux farouches *Botocudos,* errent dans les immenses solitudes ; 50,000 colons de race germanique sont établis dans les colonies du Sud.

Le gouvernement est une monarchie constitutionelle très-libérale; l'empereur, de la maison de Bragance, gouverne avec un sénat et une chambre de députés.

§ 60. — ÉTATS DU SUD ET DE L'OUEST : PARAGUAY ; — URUGUAY ; — RÉPUBLIQUE ARGENTINE ; — PÉROU ; — BOLIVIE ; — CHILI.

ÉTATS DU BASSIN DE LA PLATA.

Le Rio de La Plata, le troisième des grands fleuves de l'Amérique méridionale, est formé par la réunion de l'Uruguay et du Parana. L'*Uruguay* arrose le Brésil méridional, puis sépare la république de la Plata du Brésil et de la république de l'Uruguay. Le *Parana*, formé par deux grands cours d'eau, le *Rio Grande* et le *Rio Paranahyba du Sud*, roule ses eaux abondantes du N. au S., large souvent de 15 kil., navigable malgré ses rapides, et recevant plusieurs affluents considérables, surtout le *Paraguay*. Il vient des plateaux ou Campos de Parexis, au Brésil, le sépare de la Bolivie et à 1,800 kil. de cours navigable ; il est grossi, à gauche, du *Pilcomayo* et du *Vermejo*, qui viennent de la Bolivie, au N.-O., et traversent le désert appelé *Grand-Chaco*.

Le Parana et l'Uruguay réunis forment le Rio de La Plata, vaste estuaire, long de 300 kil., large de 75 devant Buenos-Ayres, de 100 devant Montevideo, de 250 à l'embouchure, encombré de bas-fonds et de bancs de sable.

Trois républiques sont dans le bassin de La Plata : le Paraguay, au N. ; l'Uruguay, à l'E. ; La Plata, à l'O. et au S.

Le Paraguay est une sorte de presqu'île formée par le Parana et le Paraguay, d'une superficie de 150,000 kil. carrés; c'est le seul État de l'Amérique du Sud qui ne touche pas à la mer. Pays de plateaux ondulés, couverts de bois et de pâturages, il est assez fertile et produit surtout l'*yerba-maté*, espèce de thé, dont on fait une grande consommation dans toute l'Amérique méridionale. Les habitants sont presque tous des métis issus d'Espagnols et d'Indiens Paraguas ou Guaranis, que les jésuites ont convertis au catholicisme. Le pays a été désolé et dépeuplé par la guerre désastreuse qu'il a soutenue contre ses voisins de 1864 à 1870. La capitale est l'Assomption.

La république de l'Uruguay ou Bande orientale au S. du Brésil, entre l'Uruguay, le Rio de La Plata et la mer, a plus de 200,000 kil. carrés. On élève beaucoup de bestiaux dans des pâturages bien arrosés. La population est d'environ 450,000 habitants. On exporte des cuirs de bœufs, de la viande salée, du gros bétail pour le Brésil. La capitale, Montevideo, sur la rive gauche du Rio de La Plata, fait un commerce considérable et a 105,000 habitants.

La République argentine ou de La Plata, bien plus étendue, a 1,900 kil. du N. au S., et 1,200 de l'E. à l'O. Elle est entièrement dans la zone tempérée. Au N., le territoire du *Grand-Chaco*, vaste plaine sans collines, tantôt prairie verdoyante avec de grandes forêts, tantôt désert de sables avec de vastes marécages, est parcouru par des Indiens, qui vivent à peu près indépendants ; au S., s'étend l'immense pays des *Pampas*, couvert de hautes herbes, sans arbres, nourrissant de nombreux troupeaux de bœufs et de chevaux sauvages, parcouru par les farouches *Gauchos*, pâtres à demi civilisés, pour la plupart métis d'Espagnols et d'Indiens. La région occidentale, en se rapprochant des Andes du Chili ou de la Bolivie, se compose de. terrasses accidentées, avec des vallées pittoresques et de magnifiques forêts.

Le climat est généralement sain et tempéré; mais, en hiver, les vents du S. ou *pamperos* sont glacés. Il y a de grandes richesses minérales, encore peu exploitées. Les plaines de la partie centrale produisent céréales, coton, tabac, café, sucre, maté, etc.; mais l'agriculture est négligée pour l'élève des bestiaux, qui forment la principale fortune du pays et donnent lieu à une exportation considérable.

La république se divise en 14 provinces, qui ont souvent lutté pour ne pas reconnaître la supériorité de Buenos-Ayres, et comprend encore quatre territoires annexés.

Buenos-Ayres (bon air), la grande ville de la république, est une ville très-importante sur la rive droite du Rio de La Plata; elle a plus de 380,000 habit., dont beaucoup sont étrangers. Les autres villes sont : *le Rosario, Parana* et *Corrientes*, sur le Parana; *Cordova*, sur un plateau élevé au centre; *Tucuman, Catamarca, Rioja, Mendoza*, dans la région plus accidentée de l'O., dans le pays des mines.

La population est évaluée à 1,900,000 habit.; mais elle est certainement plus considérable, grâce à l'émigration européenne, qui a pris récemment de grandes proportions (80,000 personnes en 1873, 100,000 en 1874).

PÉROU ET BOLIVIE.

A l'O. de l'Amérique méridionale, il y a deux républiques, que la nature semble devoir réunir et que la politique a séparées, le Pérou, qui s'étend le long du Grand Océan, la Bolivie, qui s'avance au S.-E. dans l'intérieur des terres.

La côte, presque toujours droite, se dirige vers le S.-E., du golfe de Guayaquil à la baie Mejillones. Les Andes du Pérou renferment les hauts plateaux, d'où coulent vers le N. le Tunguragua, le Huallaga, l'Apurimac, qui forment le fleuve des Amazones. Les Andes de Bolivie entourent le vaste plateau où est *le lac Titicaca*, long de 240 kil., à une hauteur de 3,900 mètres, qui est uni au *lac Aullagas* par le Rio Desaguadero. Ces montagnes ont les sommets les plus massifs des Andes, le *Sorata*, l'*Illimani*, hauts de 6,500 mètres, le *Cerro de Potosi*, le *Nevado de Chuquibamba*, le volcan d'*Arequipa*, le *Sahama* et le *Gualatieri*, qui dépassent 6,700 mètres. Des chaînes qui parcourent de l'O. à l'E. le plateau de Bolivie, comme la *Sierra de Cochabamba*, descendent les rivières qui forment le Madeira au N., le Pilcomayo au S.

Le PÉROU a sur le Grand Océan des côtes de 2,200 kilomètres, généralement escarpées et peu abordables. La température est douce, rafraîchie par un grand courant d'eau froide qui longe le rivage, du détroit de Magellan au cap Pariña; mais il n'y a que quelques vallées étroites et fertiles au milieu de dunes de sable et de plaines arides. La SIERRA ou haute région des Andes a les mines les plus riches, mais en partie abandonnées, des pâturages, de belles vallées où l'on cultive les céréales, le café, le cacao, la canne à sucre, le tabac, la vigne, etc. La MONTAÑA (de monte, forêt) est le nom des grandes plaines boisées, qui sont à l'E. des montagnes. Au S. sont de vastes solitudes, couvertes de couches salines, qu'on exploite comme des carrières, et d'énormes masses de salpêtre, qui donnent lieu à une exportation considérable.

L'agriculture est généralement négligée; aussi la plus grande richesse du Pérou depuis quelques années a-t-elle été l'exploitation du guano (engrais produit par la fiente d'oiseaux marins) des îles Lobos et Chinchas.

Le Pérou est une république gouvernée par un président, par un Sénat et une Chambre des représentants. La population est d'environ 2,500,000 habit., dont 300,000 blancs d'origine espagnole; les Indiens très-nombreux, Quitchas et Aymaras, sont partagés en tribus, que gouvernent leurs chefs nationaux ou caciques.

La capitale est LIMA, sur le Rimac, à 10 kil. de l'Océan, grande ville de luxe, peuplée de 160,000 habit., avec son port, le *Callao*, qui fait un commerce considérable; *Arequipa*, au pied d'un volcan redoutable, a 35,000 habit.; *Islay* lui sert de port; *Cuzco*, sur le plateau, l'ancienne capitale des Incas, conserve de nombreuses ruines de la civilisation péruvienne; *Puño* est sur la rive occidentale du lac Titicaca.

La BOLIVIE ou HAUT-PÉROU, à l'E. du Pérou, ne touche au Grand Océan, vers le S.-O., que par le désert d'Atacama. Aussi est-elle en quelque sorte tributaire du Pérou pour son commerce, qui se fait en partie par le port péruvien d'Arica. Au centre et à l'ouest on trouve le haut plateau de la Bolivie, région montueuse, aride, d'un climat rude et froid, qui renferme des vallées cultivées et peuplées. A l'E. et au N. sont des plaines basses, boisées, fécondes, encore peu exploitées.

Les mines sont nombreuses ; les mines d'argent de Potosi sont célèbres. La Bolivie exporte la laine de ses troupeaux, moutons, alpagas, lamas, de l'or, de l'argent, du minerai de cuivre, du quinquina, de la vanille, etc.

La population est de 2 à 3 millions d'habitants, les uns d'origine espagnole, les autres Indiens, Moxos, Chiquitos, chrétiens, un peu civilisés. Le pays a encore fait peu de progrès, depuis qu'il a été délivré par le général colombien Bolivar, dont il porte le nom. Il est divisé en 9 départements.

La capitale est CHUQUISACA, LA PLATA ou SUCRE, vers le centre ; mais la ville la plus importante est *La Paz*, à l'O., sur un plateau de 3,720 mètres d'altitude, grande place de commerce de 76,000 habit. ; on peut encore citer *Potosi*, siége de l'administration des mines ; *Cochabamba*, dans le département qu'on appelle le grenier de la république ; *Cobija*, le seul port, etc.

Le CHILI est une longue bande de terre entre le Grand Océan et la chaîne des Andes. La côte, presque droite, haute, escarpée, offre de bons ports et beaucoup de petites baies ; au S., l'île *Chiloë* et les îles *Chonos* semblent en être détachées. Les Andes forment une longue ligne, très-élevée, volcanique (Limari, Aconcagua, Tupungato, Descabezado, etc., qui dépassent 6,500 mètres) ; les passages sont difficiles ; les tremblements de terre sont fréquents. De nombreux cours d'eau torrentiels arrosent des vallées étroites et fertiles.

Le climat est tempéré et salubre. Les Andes renferment de grandes richesses minérales, surtout au nord ; au centre sont les régions agricole et vinicole; au sud, les régions carbonifère et forestière. Le Chili, bien cultivé, exporte farine, blé, viande de bœuf séchée, cuirs, laine, métaux et cuivre principalement. L'industrie, quoique secondaire, se développe; des routes, des chemins de fer multiplient les communications. Le commerce est considérable.

La république comprend 16 provinces et la colonie de Magellan. La capitale est SANTIAGO, grande ville de 115,000 habit., à 150 kil. de la mer; son port est *Valparaiso*, la place de commerce la plus importante; 70,000 habit.; les autres villes sont bien moins considérables, *San-Francisco de la Selva*, avec son port de *la Caldera; La Serena, Talca, La Concepcion, Valdivia; San-Carlos* est le port de l'île Chiloë, au climat humide et sain, boisée, fertile.

L'ARAUCANIE est un territoire au S. du Chili, occupé par les Araucanos ou Moluches, sauvages belliqueux et indépendants, souvent en lutte avec les Chiliens, qui les cernent de plus en plus.

A l'O. des côtes du Chili, sont les petites îles JUAN-FERNANDEZ, *Saint-Félix* et *Saint-Ambroise*. — Au S., sur le détroit de Magellan, le Chili a une petite colonie dont le chef-lieu est *Punta-Arenas*.

La population du Chili dépasse 2 millions d'habitants, en majorité d'origine espagnole. C'est l'un des États les plus florissants de l'Amérique méridionale.

La PATAGONIE comprend tout le sud de l'Amérique méridionale depuis le Rio Negro. Les côtes de l'E. sont basses et découpées; celles de l'O. ont des baies profondes et sont bordées d'iles, *Reine-Adélaïde*, *Hanovre*, archipel de la *Mère-de-Dieu*, *Wellington*, etc. Le pays se compose de plaines arides, froides, désertes, parcourues par quelques tribus, assez misérables, d'Araucanos et de Patagons. Au S., le *détroit de Magellan*, long de 800 kil., étroit, tortueux, sépare l'Amérique de l'archipel désolé et volcanique de la *Terre de Feu*; c'est dans un îlot de cet archipel que se dresse le *cap Horn*, passage redouté des navigateurs; à l'E., le détroit de *Le Maire* sépare la Terre de Feu de l'*ile des États*. — Plus à l'E., à 500 kil. du détroit de Magellan, les *iles Falkland* ou *Malouines*, aux Anglais, d'un climat froid, rude, mais sain, offrent une relâche assez importante.

CHAPITRE XI

Oceanie. — Ses grandes divisions : Malaisie ; — Mélanésie; — Polynésie. — Colonies Européennes; villes principales.

§ 61. — GRANDES DIVISIONS DE L'OCÉANIE. — MALAISIE ;
SES GRANDES ILES.

On donne le nom d'OCÉANIE à l'Australie, qui peut être considérée comme un troisième continent, au vaste archipel situé au S.-E. de l'Asie, et aux îles nombreuses disséminées sur le Grand Océan entre l'Asie et l'Amérique.

On divise donc l'Océanie en trois parties principales : la Malaisie ou Indes Orientales, au S.-E. de l'Asie ; — la Mélanésie, au S.; — la Polynésie, à l'E.

La MALAISIE, qui tire son nom des Malais, ses plus nombreux habitants, est séparée de l'Asie par le détroit de Malacca, la mer de Chine et le large canal entre Formose et les Philippines ; elle s'étend jusqu'à la Nouvelle-Guinée au S.-E., jusqu'à l'Australie au S. Elle est tout entière, des deux côtés de l'Équateur, dans la zone torride; mais la chaleur est presque partout tempérée, soit par l'altitude du sol, soit par les brises de la mer.

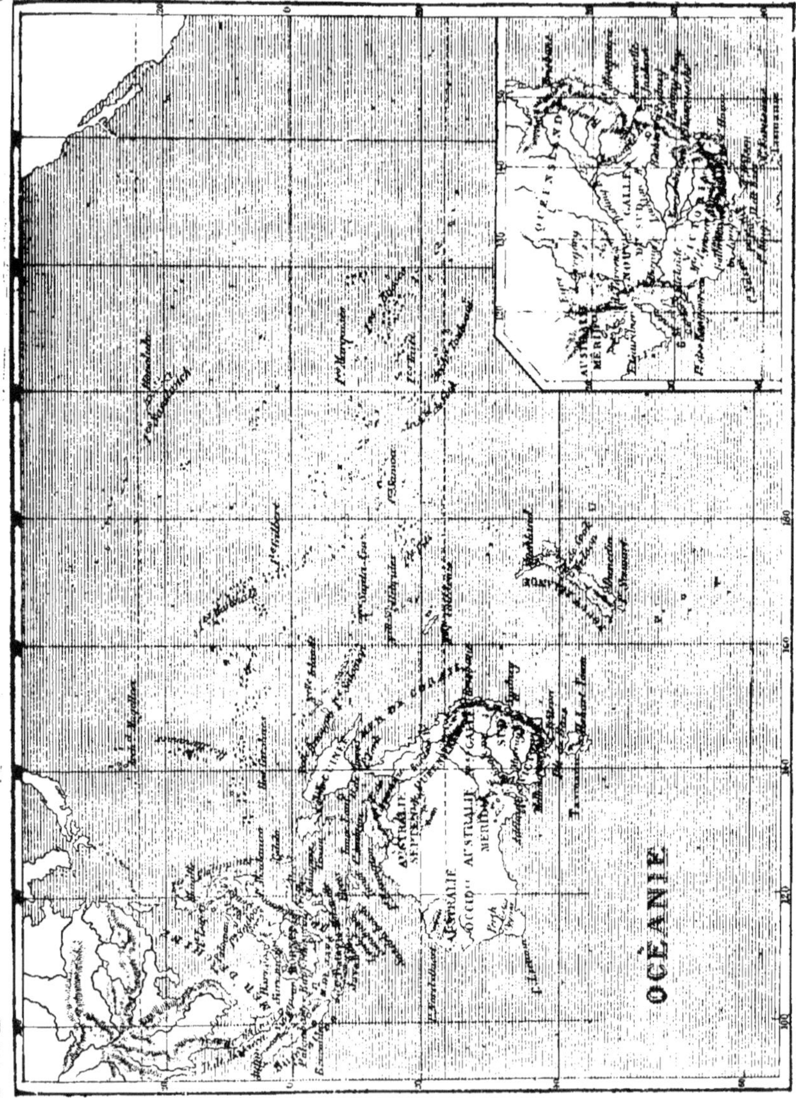
OCÉANIE

Bornéo et Célèbes, au centre, semblent avoir été le foyer d'un immense soulèvement volcanique; les volcans sont éteints dans ces deux îles; mais l'action des feux intérieurs se fait toujours sentir dans les autres parties de la Malaisie.

Les habitants de la Malaisie sont : les indigènes primitifs, noirs de petite taille, maintenant refoulés dans l'intérieur des grandes îles; — des Malais, à la face large, aux pommettes saillantes, au teint brun-rougeâtre, pour la plupart musulmans; — des Chinois, qui émigrent de plus en plus dans ces îles, pour travailler et s'enrichir.

La Malaisie comprend quatre parties : les ÎLES DE LA SONDE, au S., forment une vaste chaîne, du N.-O. au S.-E.; SUMATRA, longue de 1,600 kil., traversée par des montagnes volcaniques, avec des côtes basses et malsaines, renferme de nombreuses richesses minérales, des forêts impénétrables et donne les mêmes productions que l'Inde. Les Hollandais possèdent l'Est et le Sud, où sont les ports de *Padang*, *Bencoulen* et *Palembang*. Ils luttent encore contre les Malais indépendants du royaume d'ATCHIN, au N.; près de Sumatra sont les îles *Billiton*, *Banca*, riches en étain, et la résidence de *Riouv;* — JAVA, à l'E. de Sumatra, a 134,000 kil. carrés avec MADOURA; la population est de 18 millions d'habitants, entièrement soumis aux Hollandais. Dominée par de nombreux volcans, elle a une richesse de végétation extraordinaire. On y cultive surtout le café, le thé, le sucre, le riz, les épices; on y élève de nombreux troupeaux. Java est comme une ferme très-bien organisée, qui donne 80 millions de bénéfices à ses maîtres. La capitale, BATAVIA, est un grand port de commerce, de 280.000 habit.; *Sourabaya, Chéribon, Samarang*, sont des villes importantes ; *Djokjokarta* et *Sourakarta* sont les capitales de deux sultans auxquels on a laissé une indépendance nominale. — A l'E. de Java, les Hollandais possèdent *Bali, Lombok, Sumbava, Florès*, etc., et partagent *Timor* avec les Portugais.

BORNÉO, séparée des îles de la Sonde par la mer de Java, est l'une des plus grandes îles du monde, puisqu'elle a 680,000 kil. carrés. Les côtes sont marécageuses et malsaines ; l'intérieur, couvert de montagnes boisées, est peu connu. Il y a de nombreuses mines d'or, de fer, de cuivre, de houille ; on y trouve de beaux diamants ; la végétation est splendide. Les indigènes, *Dayaks* et *Haraforas*, vivent dans l'intérieur ; les côtes sont habitées par des Malais, pêcheurs et commerçants, mais souvent pirates ; ils ont les royaumes de BORNÉO ou BRUNI et de SARAWAK, au N.; les Hollandais possèdent les côtes du S. et de l'E., où sont les villes de *Bandjermassing* et de *Pontianak*. Au N.-E. est l'archipel des îles SOULOU, peuplées de Malais, connus surtout par leurs pirateries ; au N.-O. est l'île LABOUAN, importante par son charbon de terre, qui est aux Anglais.

Célèbes et les Moluques, à l'E., dépendent aussi des Hollandais. CÉLÈBES, séparée de Bornéo par le *détroit de Makassar*, de forme très-irrégulière, montueuse, fertile, a une population de 2 millions d'habitants, soumis à des sultans qui relèvent presque tous des Hollandais. La ville principale est le port de *Makassar*.

12.

— L'archipel des MOLUQUES, à l'E., est composé de petites îles, *Gilolo*, *Ternate*, *Tidor*, *Céram*, *Amboine*, etc., qu'on nomme encore *îles aux Épices*, à cause de leurs productions spéciales, muscades, girofles, etc. Les principales villes sont *Amboine*, *Ternate* et *Nassau*.

Les PHILIPPINES, au N. de la Malaisie, appartiennent en grande partie à l'Espagne. Ce sont de hautes terres volcaniques, boisées, bien arrosées, mais exposées aux ouragans et aux tremblements de terre. Elles sont surtout fertiles en productions tropicales, en tabac, et nourrissent beaucoup d'animaux domestiques. La population se compose de Malais, Tagals ou Bissagos, la plupart chrétiens, indolents, tranquilles, aimant les plaisirs. LUÇON est la plus grande de ces îles; elle renferme MANILLE, le siège du gouvernement, belle ville maritime de 200,000 habit., qui fait un commerce considérable; viennent ensuite *Mindoro*, *Panay*, *Negros*, la longue île *Palawan*, et au S. *Mindanao*, dont le port de *Selangan* est la capitale d'un sultan indépendant. On évalue la population totale à 5 millions d'habitants, dont 3,700,000 sont soumis aux Espagnols.

§ 62. — MÉLANÉSIE. — AUSTRALIE : CÔTES, MONTA-GNES, FLEUVES, LACS ; — LES SIX GRANDES COLONIES ANGLAISES. — TASMANIE. — NOUVELLE GUINÉE. — ILES VITI; ETC.

La MÉLANÉSIE (îles des Noirs), ainsi nommée parce que les indigènes sont de couleur noire, comprend l'Australie avec la Tasmanie, la Nouvelle-Guinée et une série d'archipels à l'E.

L'AUSTRALIE, que les Hollandais appelèrent d'abord *Nouvelle-Hollande*, a 3,200 kilomètres du N. au S., et 3,900 de l'E. à l'O. La superficie est de 7,750,000 kilomètres carrés. Les côtes sont en général peu découpées; au N. le vaste golfe de Carpentarie est fangeux, sans profondeur, peu navigable ; le détroit de Torrès, entre le cap York et la Nouvelle-Guinée, est semé de nombreux récifs, îlots et bancs de sables ; à quelque distance de la côte orientale, la mer de Corail offre une barrière de récifs dangereux, longue de 1,200 kilomètres; au S. le détroit de Bass, entre le cap Wilson et la Tasmanie, est encombré d'îles et tend chaque jour à se combler; la côte S.-E. est plus découpée, mais les rivages du S.-O., jusqu'au cap Leeuwin, et de l'O., sont plus arides et encore imparfaitement explorés. — On commence à connaître assez bien une grande partie de l'intérieur des terres. Une chaîne de collines et de montagnes peu élevées, longue de 2,000 kilomètres, s'étend du cap York au cap Wilson, non loin de la côte orientale; on les appelle *Montagnes Bleues ;* vers le S., les *Alpes Australiennes*, les *Pyrénées*, les *Grampians* s'en détachent vers le mont *Kssciusko*, suivent la direction de la côte méridionale et renferment d'abondantes mines d'or.

L'Australie est mal arrosée, et cependant n'est pas complétement dépourvue de cours d'eau, surtout à l'E. et au S., mais ils sont souvent à sec pendant l'été. Le *Murray*, au S., le plus grand fleuve, avec de nombreux affluents, a des eaux permanentes. Dans le Sud il y a une région de lacs ou grands marécages, *Torrens*, *Eyre*, *Gregory*, *Frome*, *Gairdner*.

Le climat est généralement chaud au N., tempéré au S. et sain presque partout. On sait qu'il n'y a pas au centre de l'Australie de hautes montagnes, de grands lacs, de déserts inabordables; c'est une région de demi-stérilité, à l'aspect uniforme et triste; le Sud et l'Est sont les contrées les plus fertiles, mais il y a dans le nord et le nord-est de vastes espaces encore peu explorés, et renfermant de magnifiques pâturages.

La flore et la faune de l'Australie ont un caractère étrange, spécial : les plantes, les arbres, les animaux semblent être d'une création toute particulière. Les nègres australiens, divisés en tribus peu nombreuses, isolées, vivent misérablement et sont condamnés à disparaître rapidement.

Les Anglais, maîtres de l'Australie, l'ont divisée en six grandes colonies :

La NOUVELLE-GALLES DU SUD, au S.-E., a un climat salubre, possède des mines d'or, de houille, de fer, des arbres magnifiques, comme l'eucalyptus, les araucaria, les pins Wellington. Les cultures étrangères y réussissent très-bien; mais ce qui fait la fortune du pays, ce sont ses immenses pâturages, où pousse l'herbe fine des kangourous, et qui nourrissent d'immenses troupeaux de moutons, de bœufs, de chevaux. Aussi exporte-t-on de grandes quantités de laine. La capitale, *Sydney*, sur le port Jackson, magnifique position maritime, a plus de 135,000 habitants.

Le QUEENSLAND, au N.-E. de l'Australie, a un climat plus chaud, mais est également fertile. La capitale est *Brisbane*, près de la mer.

L'AUSTRALIE HEUREUSE ou VICTORIA, au S.-E. de

l'Australie, a la température du midi de la France. C'est un pays fort montueux, fertile, avec de beaux pâturages et de riches mines d'or. Aussi la population s'est-elle rapidement accrue. La capitale, *Melbourne*, au fond de la baie magnifique de Port-Phillip, fait un grand commerce et a plus de 200,000 habitants; *Geelong* est aussi dans une belle position maritime; *Ballarat*, *Sandhurst* sont déjà des villes importantes dans la région des mines d'or.

L'AUSTRALIE MÉRIDIONALE renferme la région des lacs, a beaucoup de mines de cuivre et est surtout un pays agricole. La capitale, *Port-Adélaïde*, est sur le golfe Saint-Vincent.

L'AUSTRALIE OCCIDENTALE a une superficie immense, mais fort peu d'habitants; les côtes seules et une petite bande de terre sont connues. Il paraît cependant que cette colonie a de l'avenir. La capitale est *Perth*, à l'embouchure de la rivière des Cygnes.

L'AUSTRALIE SEPTENTRIONALE est également peu connue et presque inhabitée.

Ces colonies ont des administrations très-libérales; leurs progrès ont été très-rapides; la population, due à l'émigration, approche de 2 millions d'habitants, et le commerce extérieur dépasse 1,600,000,000 de francs.

La TASMANIE est comme le prolongement méridional de l'Australie. Les côtes ont d'excellents ports; l'intérieur est couvert de montagnes boisées ou de bons pâturages; la terre est fertile en céréales. La population dépasse 100,000 habitants. La capitale est *Hobart-Town*, port au S.-E.; *Launceston* est également un bon port.

La NOUVELLE-GUINÉE ou PAPOUASIE, au N. de l'Australie, au S.-E. de la Malaisie, est la plus grande île du globe après l'Australie. Mais elle est encore presque inconnue. Il paraît qu'elle est couverte de montagnes revêtues d'une épaisse végétation ; beaucoup de ses animaux sont semblables à ceux de l'Australie; elle a de plus des oiseaux aux couleurs magnifiques. Les principaux habitants sont les *Papous*, d'un brun très-foncé, avec des cheveux crépus, ramassés en touffes énormes.

Les archipels de la Mélanésie, dirigés vers le S.-E., sont: la *Nouvelle-Bretagne*, la *Louisiade*, les îles *Salomon*, l'archipel de *Santa-Cruz* et de *Vanikoro*, les *Nouvelles-Hébrides*, îles habitées par des Papous, assez intelligents et généralement farouches et cruels.

La NOUVELLE-CALÉDONIE, longue de 370 kilomètres, appartient à la France, qui en a fait un lieu de déportation. Les abords sont dangereux à cause des récifs; le climat est sain; la terre assez fertile. Les indigènes ou Kanaks sont laids, mais grands et vigoureux. Le chef-lieu est *Nouméa*. L'*Ile des Pins*, au S., les *Iles Loyalty*, à l'E., en dépendent.

Les îles VITI ou FIDJI forment la pointe la plus orientale de la Mélanésie. Ces îles, volcaniques, montueuses, fertiles, assez peuplées, ont des habitants intelligents, convertis en grand nombre au christianisme. Ils viennent de reconnaître la domination de l'Angleterre. *Levouka* est le principal établissement des Européens.

§ 63. — POLYNÉSIE : PRINCIPAUX ARCHIPELS. — ILES SANDWICH. — NOUVELLE-ZÉLANDE.

La POLYNÉSIE (ce mot signifie îles nombreuses) comprend toutes les îles répandues dans le Grand

Océan, à l'E. de la Malaisie et de la Mélanésie. Elles sont généralement petites; les unes, hautes et volcaniques; les autres, basses et environnées de récifs de corail. Elles ont peu de richesses minérales, mais sont presque toutes fertiles. Dans la partie occidentale, qu'on nomme encore MICRONÉSIE, la population est fortement mêlée de sang papou; dans la Nouvelle-Zélande et dans les îles de l'E., c'est la race polynésienne, grande, aux traits réguliers, plus intelligente, qui semble venue de l'E. vers l'O.

Les principaux groupes du N.-O. sont : les îles *Bonin-Sima*, qui dépendent du Japon; les *Mariannes*, qui dépendent des Philippines espagnoles; les îles *Peleu*; les *Carolines*, dont les habitants sont policés, industrieux, habiles navigateurs; les îles *Mulgrave* et les îles *Gilbert*.

Les principaux archipels du centre sont : les îles *Samoa* ou des *Navigateurs* (aux États-Unis); les îles *Wallis*, les îles *Tonga* ou des *Amis*; l'archipel de *Cook*; — les îles de la *Société*, d'origine volcanique, très-accidentées, dont la plupart sont sous le protectorat de la France; *Papéiti* est le port principal de Tahiti; — les îles *Toubouaï*, *Pomotou* ou *Tuamotou*, *Gambier*, sont également sous le protectorat de la France; — les îles *Marquises* ou *archipel de Mendana*, volcaniques, montueuses, sont aux Français; — enfin les Américains ont récemment occupé beaucoup de petites îles disséminées.

Beaucoup plus au N., les îles *Sandwich* ou *Havaï* sont entre le Japon et la Californie. Montueuses, renfermant d'énormes volcans, fertiles, elles sont habitées

par les Kanaks, grands, intelligents, civilisés, chrétiens, ayant un gouvernement constitutionnel, avec
un roi et deux chambres. La capitale, *Honoloulou*,
dans l'île Oahou, a un port très-sûr, qui fait un assez
grand commerce.

La NOUVELLE-ZÉLANDE, à 1,000 kil., au S.-E. de
l'Australie, est une magnifique colonie anglaise dont
la superficie est de 275,000 kil. carrés. Elle comprend deux grandes îles, longues chacune de 800 kil.,
séparées par le *détroit de Cook*. L'île du Nord, aux for-
mes bizarres, avec des baies nombreuses, renferme
une région curieuse par ses volcans, ses lacs d'eau
presque bouillante. L'île du Sud, d'un abord plus difficile, a de hautes montagnes boisées. Le climat est
tempéré et très-salubre, surtout dans l'île du Nord. On
a trouvé de l'or en abondance dans la Nouvelle-Zélande, de la houille, du fer, des eaux thermales. La
végétation est originale, mais splendide; les arbres,
comme le pin kauri, sont gigantesques; les troupeaux
sont nombreux et la terre est fertile.

Les indigènes ou Maoris, grands, braves, intelligents,
mais cruels, de la race polynésienne, ont longtemps
résisté aux Anglais; ils ne sont plus que 45,000, surtout
dans l'île du Nord. Les Anglais, attirés par la beauté
du pays et surtout par la découverte des mines d'or,
sont chaque jour plus nombreux; on en comptait déjà
300,000 en 1874. Le commerce a fait des progrès très-
rapides. Le gouvernement constitutionnel fonctionne
librement depuis 1853.

Les principales villes sont dans l'île du Nord, le bon

port d'*Auckland;* puis *New-Plymouth, Napier, Wellington;* — dans l'île du Sud, *Nelson, Dunedin,* port très-
commerçant au S.-E. — On a établi un service de bateaux à vapeur entre la Nouvelle-Zélande et Panama.

CHAPITRE XII

Principaux voyages de découvertes.

§ 64. — Nous ne connaissons encore qu'imparfaitement la surface de notre planète; pendant bien des siècles nos ancêtres, ceux que nous apelons les *Anciens*, puis les peuples du moyen âge, n'ont eu que des notions incomplètes sur une partie assez restreinte de la terre. Nous avons vu qu'alors la Méditerranée était le centre du monde civilisé; on connaissait assez mal le nord et l'est de l'Europe; on n'avait que des notions vagues sur l'Asie au delà de l'Imaüs et du golfe du Gange (Bengale); on n'avait reconnu que le nord de l'Afrique.

Au moyen âge, la Géographie resta à peu près stationnaire; cependant, les Arabes pénétrèrent plus avant dans l'Asie orientale et dans l'intérieur de l'Afrique; ils allèrent au delà de la Bactriane et de la Transoxiane jusqu'en Mongolie, puis dans l'Inde, et jusque vers les iles situées au S.-E. de l'Asie; en Afrique, ils reconnurent les côtes de l'E., jusqu'à Sofala, l'intérieur jusqu'au Niger. Leurs géographes, Édrisi, Aboul-Féda, Ibn-Batouta, Léon l'Africain, ont obtenu une juste célébrité.

D'un autre côté, les contrées de l'Europe septentrionale étaient peu à peu mieux connues; les Scandinaves, après avoir exploré les côtes de la mer Baltique et celles de l'Océan Glacial, jusqu'à la mer Blanche, après avoir ravagé les côtes de l'Irlande, s'élançaient hardiment vers le N.-O.; et, après avoir reconnu les Orcades, les Shetland, les Feroë, arrivaient jusqu'en Islande vers 872, jusqu'au Groënland, un siècle plus tard, et même depuis le XIᵉ siècle, s'avançaient au S.-O. vers le 49° lat. N., jusqu'au Saint-Laurent, dans le pays qu'ils nommèrent *Vinland;* c'étaient les terres du nouveau continent, assez grossièrement représentées dans une carte des frères Zéni, nobles Vénitiens, à la fin du XIVᵉ siècle.

A la suite des Arabes, et après la terrible invasion des Mongols de Gengis-Khan, de courageux voyageurs, missionnaires ou marchands, Nicolas Ascelin (1245), Jean de Plano Carpini, Rubruquis (1253), et surtout le Vénitien Marco Polo (1271-1293), firent beaucoup mieux connaître la Tartarie, la Chine (empire du Cathay), le Japon (Zipungu), et plusieurs îles de la Malaisie. Les voyages dans l'Asie orientale se multiplièrent au XIVᵉ siècle et préparèrent, sans aucun doute, les grandes découvertes du XVᵉ.

Les Portugais, dès le commencement de ce siècle, sous les généreux auspices de l'infant dom Henri, s'avancent du N. au S., le long des côtes occidentales de l'Afrique, reconnaissent les îles, le golfe de Guinée, franchissent l'Équateur et détruisent deux erreurs, généralement accréditées depuis des siècles : l'une, que la zone torride était inhabitable; l'autre, que l'Afrique allait toujours en s'élargissant vers le sud. Dès 1486, Barthélemy Diaz atteint l'extrémité méridionale, qu'il nomme le cap des Tourmentes, mais que le roi Jean II appelle le cap de Bonne-Espérance; et, en 1497, Vasco de Gama a la gloire de doubler ce cap, de naviguer dans l'Océan Indien, le long des côtes de l'Afrique orientale, et d'arriver à Calicut, sur la côte de l'Inde. La route maritime pour aller d'Europe vers l'Asie du sud et vers l'Asie de l'est était enfin trouvée. Dans l'espace de quelques années, les Portugais reconnaissent et exploitent les côtes de l'Afrique. toutes les terres baignées par l'Océan Indien, Sumatra et les îles de la Sonde, les Moluques, la Nouvelle-Guinée, les Philippines, et ils étendent leur commerce et leur domination jusqu'en Chine, jusqu'au Japon.

A la même époque, les Espagnols, sur les pas de l'illustre Génois Christophe Colomb, faisaient des découvertes encore plus étonnantes. Colomb, qui avait longtemps navigué avec les Portugais, qui était allé jusqu'en Islande, qui connaissait les ouvrages des anciens et des voyageurs du moyen âge, espérait trouver une route plus facile et plus directe pour aller aux Indes, en naviguant vers l'O. C'est en 1492 qu'il aborde aux premières terres du nouveau continent; dans ses quatre voyages. il reconnaît les îles situées dans la Mer des Antilles et dans le golfe du Mexique et une partie des côtes, auxquelles on s'habitue de donner le nom d'Amérique, après la relation du Florentin Americo Vespuci. Presque dans le même temps, Jean et Sébastien Cabot, Vénitiens établis en Angleterre, découvrent les côtes de l'Amérique Septentrionale, Terre-Neuve, le Labrador, la Nouvelle-Angleterre; tandis que le Portugais Cabral, successeur de Vasco de Gama, était poussé par la tempête et le courant équatorial vers les côtes de l'Amérique méridionale, qu'on appelle depuis lors le Brésil (1500).

Balboa, traversant l'isthme de Panama, a trouvé le Grand Océan, qu'il nomme Mer du Sud (1513); l'Amérique est donc séparée de l'Asie, dont on la croyait d'abord le prolongement (de cette erreur viennent les noms d'Indes occidentales, d'Indiens). Un Portugais au service de l'Espagne, Magellan, cherche un passage pour pénétrer par mer dans l'océan reconnu par Balboa; il s'engage heureusement dans le long détroit de Magellan, traverse la vaste mer, qu'il nomme l'Océan Pacifique; il est tué aux îles Philippines; mais ses compagnons, revenant en Espagne par le détroit de Malacca et le cap de Bonne-Espérance, achèvent le premier voyage autour du monde (1519-1522).

L'expérience avait démontré pour toujours la sphéricité de la Terre; on pouvait dès lors en dresser la carte approximativement. Pendant le XVIe siècle, les Portugais et les Espagnols achèvent leurs découvertes et leurs étonnantes conquêtes; c'est le temps des exploits héroïques des Albuquerque, des Cortez, des Pizarre, des Almagro, etc.

Dès lors, les voyages autour du monde se multiplient, de nouveaux rivages sont découverts ou mieux explorés par d'illustres navigateurs, le Français Jacques Cartier au Canada; l'Anglais Raleigh sur les côtes de Virginie; Drake, Cavendish, etc., qui font le tour du monde et reconnaissent le N.-O. de l'Amérique, etc. Les Anglais surtout cherchent un passage pour tourner par le N. les terres de l'Amérique, par un prétendu détroit d'Anian ; ils échouent, mais les noms de Forbisher, de Davis, d'Hudson, de Baffin, sont justement restés célèbres. Dans le même temps, c'est-à-dire dans la dernière moitié du XVIᵉ siècle, les Hollandais, rivaux des Portugais en Asie, s'efforcent de trouver par le N. de l'Europe et de l'Asie une route plus courte pour aller vers l'extrême Orient ; ils doivent également échouer ; mais ils reconnaissent la mer Blanche, la Nouvelle-Zemble, le Spitzberg, et le nom de Barentz est également fameux.

Les Hollandais sont, au XVIIᵉ siècle, dans toute leur gloire ; ce sont des Hollandais, Lemaire et Schouten, qui découvrent, en 1616, le détroit de Lemaire et le cap Horn, au S. de l'Amérique méridionale ; les Hollandais explorent, de 1606 à 1644, les côtes de l'île immense ou troisième continent, qu'ils nomment la Nouvelle-Hollande ; les Portugais les avaient aperçues, mais les avaient négligées ; le Hollandais Tasman découvre les Nouvelles-Hébrides, la Tasmanie, qu'on nomme d'abord Terre de Van-Diémen, etc. En même temps s'achève la reconnaisance de l'Amérique du Nord ; c'est un Français, Cavalier de La Salle qui explore le premier l'immense bassin du Mississipi et lui donne le nom de Louisiane ; c'est un Anglais, Mackensie, qui parcourt les pays glacés entre la baie d'Hudson et le Grand Océan ; c'est l'Espagnol Quadra, puis l'Anglais Vancouver, qui reconnaissent toutes les baies et toutes les îles de la côte N.-O. de l'Amérique septentrionale.

Les Russes avaient, depuis la fin du XVIᵉ siècle, découvert et soumis la Sibérie jusqu'à la presqu'île du

Kamtchatka; sous la conduite du Danois Behring, ils pénètrent dans la mer et dans le détroit de Behring (1728-1741) ; le passage qui unit le Grand Océan à l'Océan Glacial Arctique est reconnu ; c'est comme le prélude des voyages scientifiques entrepris au XVIIIe siècle.

Il s'agit alors surtout d'explorer la vaste étendue des mers qui s'étendent à l'est de l'Ancien Continent ou de pénétrer les mystères des mers glacées qui environnent les pôles ; c'est l'époque des beaux voyages des Anglais Anson, Wallis, Cook, Bass; des Français Bougainville, La Pérouse, d'Entrecasteaux, etc.

Au XIXe siècle, on doit achever l'exploration de toutes les régions du globe encore inconnues ou mal reconnues. Toutes les parties du monde ont eu et ont encore leurs courageux et savants voyageurs. Contentons-nous d'indiquer quelques noms et quelques résultats.

L'Asie, de plus en plus ouverte au génie envahissant et civilisateur des peuples européens, est parcourue jusqu'au milieu de ses déserts les plus reculés ; les Russes, maîtres de tout le nord et d'une partie du centre, s'avancent, soldats, commerçants et savants, jusqu'aux limites méridionales du Turkestan et jusque dans les steppes de la Mongolie ; les Anglais, qui dominent dans tout le versant de l'Océan Indien, s'efforcent de pénétrer jusque dans la Chine occidentale ; la Chine, le Japon ne sont plus fermés aux Européens ; les Français essayent d'unir leurs possessions de Cochinchine à la Chine méridionale ; — le voyageur Palgrave nous a récemment révélé l'Arabie intérieure, etc., etc.

L'Afrique n'est pas encore entièrement connue; mais l'un des problèmes dont la solution a été poursuivie avec le plus d'ardeur, la découverte du haut bassin du Nil et de ses sources, est sur le point d'être complétement résolu. D'intrépides voyageurs anglais, Burton, Speke, Baker, partant de la côte orientale du Zanguebar, ou remontant le cours du Nil, l'Allemand Schweinfurth, ont reconnu la région des grands lacs, d'où viennent certainement, les sources du Nil. Après les voyages célèbres de Barth dans le Soudan central et occidental, du malheureux Vogel et surtout de Nachtigal dans le Soudan oriental, cette partie considérable de l'Afrique intérieure nous est enfin mieux connue. Le docteur Livingstone, après avoir exploré les régions de l'Afrique méridionale, a parcouru le bassin du Zambèze et a traversé l'Afrique australe, des côtes de l'Océan Atlantique à celles de l'Océan Indien. Il est mort, victime de son dévouement à la science, en cherchant à compléter l'œuvre des Burton, des Speke, des Baker. Tout récemment, le commandant Caméron, puis l'intrépide Américain Stanley, viennent de traverser l'Afrique centrale, de l'E., à l'O., et ils ont reconnu le bassin du grand lac Tanganyika et les contrées encore inexplorées, qui s'étendent jusqu'au Congo et jusqu'aux possessions portugaises. Il est désormais bien constaté que le Zaïré ou Congo, l'un des plus grands fleuves de l'Afrique, vient du Tanganyika, comme le Nil vient des grands lacs. De toutes parts, des différents points de la côte, de l'Algérie, de la Sénégambie, de la Guinée, de l'embouchure de l'Ogowaï, partent des voyageurs, qui bientôt, nous l'espérons, auront reconnu ce qui reste encore à découvrir de l'Afrique intérieure.

L'Amérique a été traversée et explorée dans toutes ses parties ; après de nombreux voyages, entrepris surtout par les Anglais et les Américains pour reconnaître les Terres Polaires au N. de l'Amérique septentrionale, et qui ont illustré les noms de John Ross, Parry, Franklin, **on** a trouvé le passage tant cherché du Nord-Ouest, pour aller de l'Atlantique vers le détroit de Behring ; mais depuis le voyage de Mac-Clure 1853), il est bien constaté que ce passage, obstrué par les glaces, est impraticable pour la navigation.

On a cherché et on cherche encore à pénétrer, à travers l'Océan Glacial arctique, vers le pôle Nord ; on a tenté plusieurs routes, par le Spitzberg, par le détroit de Behring, par les détroits qui sont à l'O. du Groënland, sans pouvoir aller plus loin que les Américains Kane et Hayes, c'est-à-dire vers le 82° de lat. N. ; c'est encore un problème que poursuit la curiosité scientifique ; mais une expédition autrichienne a récemment découvert, au N.-E. du Spitzberg, un nouvel archipel de terres glacées, celui de l'Empereur Francois-Joseph.

L'Océan Glacial antarctique, un peu abandonné de nos jours, a cependant été visité par d'intrépides marins, comme Smith, Dumont d'Urville, James Ross, etc., marchant sur les traces du célèbre capitaine Cook ; on n'est parvenu de ce côté, à travers les difficultés de toutes sortes, que jusqu'au 78° de lat. S. ; mais des îles, des terres, **qui** annoncent un vaste continent polaire, ont été découvertes.

Enfin les îles de l'Océanie ont été explorées avec

le plus grand soin; les plus considérables, la Nouvelle-Zélande et la Nouvelle-Hollande, qu'on nomme aujourd'hui l'Australie, sont des colonies florissantes de l'Angleterre. Lorsque les Anglais s'établirent, il n'y a pas un siècle, sur les côtes abandonnées de ce continent, c'est à peine si l'on connaissait quelques points de ces rivages inhospitaliers; maintenant c'est un pays dont une partie considérable est occupée, exploitée et qui est une source de richesses abondantes. Depuis 30 ans d'intrépides explorateurs, dont plusieurs ont succombé, ont pénétré dans l'intérieur aride de l'Australie; citons les noms connus d'Eyre, de Grégory, de Burke, et Wils, de Mac Douall-Stuart. L'Australie a été traversée du S. au N., et une grande partie de l'intérieur a été explorée.

Comme on le voit, par ce court aperçu, la découverte et la conquête de notre planète par le génie civilisateur de l'Europe avancent chaque jour de plus en plus. Il y a encore sans doute beaucoup à faire; nos connaissances deviendront plus complètes et plus précises. Mais on peut désormais entreprendre avec moins d'incertitude la description des différentes parties du monde; et il sera chaque jour de plus en plus nécessaire de connaître, au moins d'une manière succincte, la géographie des pays et des peuples, qui sont de plus en plus en relation avec l'Europe civilisée.

TABLE DES MATIÈRES.

Clichy. — Impr. PAUL DUPONT, 12, rue du Bac-d'Asnières, 1850. (11-7.